总主编 方剑乔

浙江中医临床名家

魏康伯

牛永宁 主编

科学出版社
北京

内 容 简 介

本书是“浙江中医临床名家”丛书之一，介绍了浙江名医魏康伯教授。魏老师从事中医学术研究、教学、临床等工作七十余载，中医理论功底深厚，临床经验丰富，擅治脾胃病及中医内科疑难杂症且疗效卓著。本书共分六章：中医萌芽、名师指引、声名鹊起、高超医术、学术成就、桃李天下。书中重点介绍魏老师个人成长、从师经历，系统整理了其在中医药教学、临床、科研等方面的教学心得、学术思想、临床经验及艺术造诣，还介绍了魏老师与学生难忘的记忆及学生对魏老师学术经验的传承和发挥。全书涉及多个领域，展现了一位师者的风范和一位中医人的魅力。

本书可供中医临床、科研人员及在校学生阅读使用，也可供中医爱好者参考。

图书在版编目（CIP）数据

浙江中医临床名家 . 魏康伯 / 方剑乔总主编；牛永宁主编 . —北京：科学出版社，2019.7

ISBN 978-7-03-061898-6

Ⅰ. ①浙…　Ⅱ. ①方… ②牛…　Ⅲ. ①魏康伯 – 生平事迹 ②中医临床 – 经验 – 中国 – 现代　Ⅳ. ① K826.2 ② R249.7

中国版本图书馆 CIP 数据核字（2019）第 147827 号

责任编辑：陈深圣　刘　亚　白会想 / 责任校对：王晓茜
责任印制：徐晓晨 / 封面设计：黄华斌

科学出版社 出版
北京东黄城根北街 16 号
邮政编码：100717
http://www.sciencep.com
北京中科印刷有限公司 印刷
科学出版社发行　各地新华书店经销
*
2019 年 7 月第　一　版　开本：720×1000　B5
2019 年 7 月第一次印刷　印张：8 1/4　插页：2
字数：139 000

定价：58.00 元
（如有印装质量问题，我社负责调换）

浙江中医临床名家

丛书编委会

浙江中医临床名家·魏康伯

编　委　会

主　审　魏康伯

主　编　牛永宁

副主编　王恒苍　　陶方方

编　委　（按姓氏笔画排序）

王立人　　王恒苍　　牛永宁　　张坚君

陶方方　　黄风景　　崔志文

总　序

中华医药，博大精深，源远流长。灵兰秘典，阴阳应象，穷万物造化之妙；《金匮》真言，药石施用，极疴疾辨治之方。诚夷夏百姓之瑰宝，中华文明之荣光。

浙派中医，守正出新，名家纷扬。丹溪景岳，《格致》《类经》，释阴阳虚实之论；桐山葛岭，《采药》《肘后》，载吴越岐黄之央。固钟灵毓秀之胜地，至道徽音之华章。

浙中医大，创业惟艰，持志以亢。忆保俶山下，庠序进修，克艰启幔；贴沙河干，省立学府，历难扬帆；钱塘江畔，名更大学，梦圆宇响。望滨文南北，富春秋冬，三区鼎足，一校华光；惟天惟时，其命维新，一德以持，六艺互襄；部省共建，重校启航，黾勉奋发，踵武增华。

甲子校庆，名医辈出，几代芳华。值此浙江中医药大学建校六十周年之际，特辑撰“浙江中医临床名家”丛书，以五十二位浙江中医药大学及直属附属医院名医为体，以中医萌芽、名师指引、声名鹊起、高超医术、学术成就、桃李天下为纲，叙名家成长成才之历程，探名家学术经验之幽微，期有益于同仁之鉴法、德艺之精进。

方剑乔

时己亥初夏

魏　序

中医药学，历史悠久，源远流长，是中华民族传统文化的瑰宝，是中华民族在长期与疾病斗争的过程中繁衍不衰日渐昌盛的重要保证，它之所以在几千年后的今天依然能绽放出夺目的光彩，正是因为一代代中医人不断继承创新、发扬光大。

我已投身中医药事业七十余载，在中医学术、教学、临床诊疗等方面都积累了一些经验和心得体会，希望能留给后来有缘之人，但凡有些许助益，对我都是莫大的喜乐。但因本人毕竟年逾耄耋，虽为中医事业贡献之心甚为迫切，然而心有余力不足。幸有牛永宁、王恒苍等中医后生，愿将我的这一点经历经验、心得体会进行记录、整理、归纳、总结，使之保存、流传下去。

每每想到有读者能从该书获得点滴裨益，我则不胜欢欣，故乐为之序。

魏康伯

己亥年春日于杭州半山

前　言

魏康伯，浙江中医药大学教授、主任医师，浙江省名老中医，1927年3月出生于浙江杭州，从事中医学术研究、教学、临床等工作七十余载，博览中医典籍，潜心中医临床，具有深厚的中医理论功底和丰富的临床经验，尤其擅长治疗脾胃病，并对中医内科疑难杂症有独到研究，且临床疗效卓著，是全省乃至全国从事中医学术研究与临床的大家之一。

本书通过对魏老师本人及其家人、学生进行实地访谈，并对魏老师个人经历、学术思想、临床经验等相关资料进行记录、整理、归纳和总结而成。书中记录了魏老师的很多个人经历，包括为何从医，如何与中医结下不解之缘，魏老师在从医之路上遇到的名师及其对魏老师成长成才、学术思想形成的影响。特别感谢浙江中医药大学档案馆张坚君老师的支持与帮助，在魏老师的口述档案中我们找到了很多非常有价值的资料。

书中记录了魏老师一些临床病例、处方资料和临床经验总结，虽大部分不慎遗失，倍感遗憾，但经过多方努力，我们还是搜集到了部分珍贵的病例、处方。特别感谢魏老师的家人及魏老师的学生余冬严老师、王立人老师、李卫河老师提供的宝贵资料。

书中记录了魏老师在多年的教学和学术研究中形成的学术思想、学术成果等，从不同侧面反映了魏老师治学、教学及临诊等方面的见解、心得和体会，希望对后学有所帮助。

书中还记录了魏老师学术的传承情况，包括最具代表性的三位弟子

的情况和他们对魏老师学术的继承和发展。

本书几经易稿，感谢王恒苍老师多次的审阅校对，感谢陶方方教授对本书编写的出谋划策和辛劳付出，感谢黄风景博士等各位编委会成员对大量文字资料的整理和编辑，让我深感医道不孤。

正值母校浙江中医药大学六十华诞之际，我们将魏老师的从医经历、学术思想、临床经验及验方验案进行整理、归纳、总结和分析，希望与更多的同道分享。但限于我们的水平和资料记录着实有限，书中不当之处在所难免，敬请各位专家、同仁批评指正。

牛永宁

己亥年孟春于钱塘医庐

目　　录

第一章

中医萌芽

第一节　生于田园　少历兵劫

1927 年 3 月，魏康伯出生在杭州石桥乡（今杭州市下城区）的一个农民家庭，左邻右舍都是菜农，靠着售卖蔬菜养家糊口。那时，魏康伯家有三亩左右的自有地，在离家很远的地方还租有五六亩田，父亲平时做点买卖，只要年岁好，没有大旱大涝，加上养蚕缫丝，每年的收入也有不少，可以让一家人平稳度日，算是岁月静好的。

这样安淡的日子不久就被侵华日军打破了，1937 年 12 月 24 日杭州沦陷。年幼的魏康伯亲身经历了那场劫难，也跟随家人一起逃难，有两次险些命丧日军之手，那段经历至今仍心有余悸。

第一次，魏康伯他们逃到半山山里后。少不更事的魏康伯正在山中玩耍，不料却被一个迷路的日本兵捉住了，他见魏康伯年纪尚小毫无招架之力，便狠狠打了魏康伯几巴掌，随后，只见他连做手势，指向山的外面，示意魏康伯带他出去。魏康伯只好咬着牙强忍着疼，带他往山外走去。他们走到半山镇上，这个日本兵见到另外五六个同伙，便走上前去攀谈。就在这时候，魏康伯趁机拼命向一个小弄堂跑去，总算从这群魔鬼手中脱了险。

还有一次，日军来村里扫荡，魏康伯远远地就看见许多日本兵排着队迎面朝自己走来，他转身就沿着河边的一条小路拼了命地逃。就在魏康伯觉得自己怕是很难逃脱了的时候，忽然看见有一块石板的下面可以躲人，说时迟那时快，他纵身就跳到下面藏了起来。不久，那批日本兵就都从那石板上走

了过去，没有发现他。魏康伯当时心跳得很厉害，真是好险啊！就这样，魏康伯又躲过了一劫，之后的几天，每每想起当时的情形，还是会心有余悸。

第二节　劫后勤学　学堂筑基

大约在 1939 年下半年，魏康伯跟着家人逃难回到家乡。当时，村里办了一个私塾，是在村中一个古庙里，离魏康伯家大约有三四里的路程。私塾的教书先生名叫包有锡，年纪已经有 50 多岁了，他最先在私塾里开设的课程有《千字文》和《千家诗》。后来，包先生又带领魏康伯他们学习《大学》、《论语》及《孟子》等课程。

包先生治学非常严谨，对学生们也很严格。当时私塾里大概有 30 多个学生，这些孩子大多都是上过小学的，因为抗日战争开始后学校停课而失学的，对包先生这种私塾教法非常不习惯。包先生教授的是古文，内容很难理解，虽然大家每天上午或下午都会大声诵读他指定的古书，但要想记住古书上的内容，还是非常吃力的。每逢初一及十五的时候，包先生都要检查学生们背书，大家都很担心背不出来。如果背诵不出他要求的内容，就要打三下手背或者面壁罚站十分钟，好多同学情愿打三下手背，有少数人愿面壁罚站十分钟。有一天，应该是三月初一，上午包先生让魏康伯他们背诵《大学》的内容，下午就放假，前面先背的同学都背不出，在座位上听候处理。轮到魏康伯背诵的时候，已经是第 16 个了，魏康伯心里是又紧张又焦急，不知道先生会考他哪一段，在想有什么办法能度过这个“难关”。

包先生让魏康伯背诵《大学》中“知止而后能学，学而后能定，定而后能静，静而后能虑，虑而后能安，安而后能得……”这一段。魏康伯脑子不停地转，忽然灵机一动，回想起当时先生给他们讲《大学》的时候，对这段课文很是强调，他就猜想这一段文字可能要背诵，但实在很难记，他就想出了一个方法，把这段文字谐音简括成一句话，即“定、情（静）、李（虑）、安、德（得）”，李安德假设是一个人，定情就是二人有爱而定情，就这样很简单地记住了。想到这里，魏康伯很流利背出来了，包先生又叫他简单解释了一下。魏康伯讲好后，先生很高兴，表扬了他。同学们很奇怪，包先生最后宣布：“下午放假，大家回去吧！未受处罚的同学，今天不罚了，下次再补上！”大家从私塾出来后，一阵欢呼雀跃，魏康伯自然更是高兴得很，腰板也挺得直直的。就这样，魏康伯在私塾学习了约 2 年时间，在包先生严厉而细心的教导下度过了那段兵荒马乱的日子，不仅没有因战乱荒废学业，而且为后来学习中医打下了扎实的古文基础。

从私塾毕业后，有一位叫徐竹隐的老师，在半山镇一个古庙里开办了新式的小学校，就是不教古书的那种，魏康伯也被送去学习。当时徐老师用的教材是小学二年级的，教学内容除了国文、算术，还教授一点英语。那时魏康伯对算术比较感兴趣，算术课其中有一部分很有特点——“珠算课”，就是平常说的“打算盘”。每周他们都会有 2 次练习珠算的课，魏康伯打得很熟练。其中有一部分是“斤求两”课，魏康伯的成绩也算是不错的，因此那时老师颇为喜爱他。

徐老师不仅学识渊博，英语也会讲一些，书画造诣也颇为深厚，令人称赞，他在杭州的西泠印社也有志趣相投的朋友。他画的国画，寥寥几笔就能成画而且颇有神韵，但他平时是不肯画的。由于徐老师对魏康伯的喜爱，课余的时候就让魏康伯跟他在古庙学书法、读古文，徐老师经常把魏康伯写的字与他写的挂起来，让魏康伯比对，常跟他说，练字章法和坚持很重要。于是，魏康伯就一遍遍地写，老师耐心地指出问题，魏康伯再写。那时环境很清静，人心也很沉静，这一学就是将近 3 年的光阴。直到后来有一天，老师把魏康伯叫到面前，跟魏康伯说他要离开半山镇了，魏康伯问他去哪里，他只是笑而不答。临行前，他把不少古书留给了魏康伯，那时魏康伯也看不懂是什么书，只是觉得珍贵。那一天魏康伯哭得很厉害，这一别就再没有相见了。

这些童年学习的古文和书法功底都对魏康伯以后学习中医产生了诸多助益。

第三节　亲逝身病　结缘岐黄

徐老师离开后，魏康伯就失学了。那时家中一位大伯，名叫蒋惠民，是温州人，从老家到杭州来谋生，寄居在魏康伯家，起初以到处打零工度日，后来魏康伯的父亲请他管理家务和田地，为此还特地摆了酒席把亲戚朋友都请来做见证，愿把蒋大伯像自家亲人一样相待，答应给他养老。

之后的日子里，魏康伯的父母都待蒋大伯如亲人，家里有事也都尊重他的意见。他不抽烟，但喜欢喝酒，魏康伯家每年都会酿些米酒，主要供应他平日饮用。蒋大伯对魏康伯很照顾，魏康伯一直叫他伯父，魏康伯家中亲戚及周边邻居也都很尊重他，抗日战争时期逃难的时候，他是魏康伯家

主要的劳动力。

后来蒋大伯积劳成疾，西医大夫说是肺炎，魏康伯全家都想尽办法为他医治。魏康伯的父亲有好几位朋友是医生，也都尽心为他治疗，他们都盼望着他能早日好起来。可是，当时的生活环境和医疗条件都非常有限，蒋大伯的病情还是日益加重了，在 1941 年左右，蒋大伯因肺炎治疗不效病故，享年约 60 岁，魏康伯很伤心，当时心里想如果他懂医术能治病那该多好！

蒋大伯去世后，家中的农活就无人管理了，魏康伯自然就成了家里的主要劳动力，开始在家务农，管理田地。虽然身处兵荒马乱的年代，但是人还是要努力地活着。那年魏康伯也才 16 岁，就这样坚持了 2 年多的时间，在 1943 年下半年到 1944 年，魏康伯生了一场大病，家人四处求医，总算是死里逃生，捡回了一条命。父亲担心魏康伯大病之后身体虚弱，不再让他做农活了。父亲思来想去，觉得学中医是适合魏康伯的，既能自己“养生长全”，还可以“疗亲人之疾”。于是，父亲就请朋友引荐，送魏康伯去学习中医。

第二章 名师指引

第一节 恩师李以锄 中医引路人

1944 年 3 月，魏康伯 18 岁那年，父亲请他的朋友唐医师引荐，让他拜当时余杭县行宫塘镇名医李以锄先生为师，学习中医。唐医师跟李先生是好友，他看魏康伯字写得比较好，古文水平也不错，就答应帮忙引荐。据说李先生收徒条件很高，从不轻易收徒，但功夫不负有心人，李先生被魏康伯的诚心所打动，最终答应收他为徒。

拜师那天，家里邀请了两桌朋友，在他们的见证下，魏康伯叩拜李先生及师母，算是正式入门。唐医师临行前嘱咐他，要遵守李先生的规矩，勤于做事，静心学习。魏康伯心里也深知，能够拜入先生门下实属不易，便暗下决心，一定要学有所成。自此，魏康伯踏上了学习中医之路。

拜师后，魏康伯每日清晨即起，先帮先生、师母料理好各种杂事，然后开始背诵、研习《药性赋》《汤头歌诀》《濒湖脉学》等中医入门书籍。李先生对学生要求非常严格，学生不仅要诵读医经，还要熟练地背诵给他听。他在诊间还会抽查相关条文，每次被要求背诵的时候，魏康伯的心里都很忐忑。

这样大约过了半个月，李先生开始教授中医内科方面的知识。在魏康伯能熟练背诵中医入门书籍后，李先生便让他开始诵读、研习《黄帝内经》《伤寒论》《金匮要略》《温病条辨》《临证指南医案》等典籍，还会时不时叫魏康伯在他身边侍诊，帮他听写处方。刚开始写处方的时候，常是先生讲几句，魏康伯就写几句，心里很紧张，生怕写错，大约听写了半个多月的时间，他就很熟练了。李先生见他听写得快，字也写得不错，心里很是高兴，就会时不时给他讲这些药方的用药思路，魏康伯也慢慢地对中药和方剂配伍产生了浓厚的兴趣。

后来，李先生逐渐开始教授魏康伯他最擅长的外科治法和膏药的制作。有前面的学习基础，魏康伯进步很快，大约学了半个月左右，就掌握了大小贴膏的制作要点。然后又教魏康伯外科清创和包扎换药，半年后，魏康伯对外科和伤科常见的局部排脓、清创等手术技法已基本掌握了。

就这样，魏康伯一边学习内、外科中医理论知识，一边跟诊临床实践，一转眼便过了约 2 年时间。后来，李先生经常带魏康伯去出诊，这使魏康伯进步很快。再后来，李先生外出诊病的时候，会让魏康伯留在诊所里应诊。

有一次，刚开始应诊不久，仅魏康伯一人在诊所，来了一个大头瘟的患者找李先生看病，此人一边脸肿得很厉害，皮色红而光亮且已有成脓的表现。因为情况比较急，患者就让魏康伯帮他治疗。魏康伯先用银针消毒后挑刺患者脸部肿的地方，排出黄色脓水，再将事先做好的三黄粉（大黄、黄柏、黄连三味药等量研磨成粉）用新鲜丝瓜汁调匀后外敷于肿处，又给他开了一剂普济消毒饮内服。嘱咐他若有恶化立即来诊所找李先生复诊。

后来，过了 5 天左右，有个人带着礼物来诊所找魏康伯，可魏康伯并不认识他，他也不生气，就笑呵呵地去找李先生，还在李先生面前夸了魏康伯半天，这可把魏康伯弄糊涂了。后来魏康伯才知道，这个人就是之前的那个大头瘟患者，魏康伯给他针刺排脓外敷治疗后，当天回去睡了一觉，红肿就消了大半，然后他又把魏康伯开的汤药都喝了，肿就都消了，这下“水落石出”才现了真容貌，所以魏康伯一下子没认出他来。

李先生看了魏康伯那天开的处方，就问他：“方中药味大都遵原方剂量，唯独板蓝根加重了剂量，是何缘故？” 魏康伯说：“患者身中大头瘟毒，板蓝根可解，味道也不苦的，就多用一些。”又问：“为何只开了一剂药？”魏康伯说：“因为自己没有十足把握，就用治疗大头瘟的代表方普济消毒饮试试看，只开一剂就是临时救急，患者病情若有变化也好及时找先生就诊治疗。”李先生听后甚是欣慰，笑着说道：“我不在的时候你都敢给患者针刺排脓，胆子不小嘛，不过方子开的是对路的，行事也算机敏了。”李先生很少夸学生，此后他对魏康伯青睐有加。自此，魏康伯也更加有信心，学习也更有动力了。

1945 年下半年，抗日战争胜利了，日军宣布无条件投降。李先生返回老家行宫塘镇上，恢复了诊所，此后李先生的诊务一直繁忙。当年李先生是不是参加过抗日组织，魏康伯并不清楚，只知道李先生老家原有一座住宅，曾在那里开办过诊所，据说，抗日战争爆发后被日军烧掉了。后来，魏康伯听说李先生是一位爱国人士，在当地名望很高，1939 年 1 月，余杭县第二届抗日自卫委员会成立，同年 7 月，区分会在义桥乡成立，主任委员就是李先生。魏康伯拜师时的诊所是在离行宫塘镇不远的一个乡村中，日军投降后，魏康伯他们回到行宫塘镇开诊所的宅子是抗战胜利后李先生重新造起来的。

1946 年初冬，李先生因突患重病与世长辞，魏康伯和同门都悲痛欲绝。之后，魏康伯便跟着李先生的儿子，也就是魏康伯的大师兄李维仁医师继续应诊，患者依然不少，诊所的口碑也一直很好。魏康伯还有个师弟叫李树范，魏康伯比他大一岁，当年比魏康伯晚入师门一年多，也算是先生的关门弟子了。他和魏康伯都很用功，魏康伯离开师门后，他继续在大师兄的指导下应诊。新中国成立后，他仍帮助大师兄在诊所应诊。大约是 1951 年，他独自办了诊所。李树范的外科水平很好，对治疗丝虫病有贡献，发现了“活丝虫”，省寄生虫病研究所主任李非白很重视他的发现。他一直信守“医乃仁术”的中医古训，现在也 90 多岁了，身体健康，居住在余杭永泰一个小镇上，时不时地还会给邻里乡亲诊病，但不收取诊金。

第二节　跟师陈柱立　巧遇同门人

1946 年，李以锄先生去世后，经师门同意，魏康伯跟随余杭当地名医陈柱立老师继续进行临床学习，主要学习中医内科的诊疗，一直到 1948 年。陈老师医术精湛，传统文化底蕴深厚，书法很好。他当时家境殷实，徒弟众多，为了能多跟陈老师学习，大家都是争先恐后的。在繁忙的诊务间歇，陈老师还是很乐意跟魏康伯交流的。

魏康伯刚到那里的时候，陈老师担心魏康伯对新环境不适应，没办法进入状态，就给了魏康伯很多跟诊的机会，还会有意识地在诊疗过程中提一些比较基础的问题点名让他回答。这样一来魏康伯就慢慢有信心了，人也越来越放松，越来越有学习兴趣了。从让魏康伯背诵一些常用方剂的组成，到让魏康伯替他抄写处方，陈老师一直都很耐心，宽松中有一股认真劲，让魏康伯觉得不能有丝毫的懈怠。

陈老师告诉魏康伯，他是永泰姚派中医传人，姚派中医很有一套功夫，他们开处方有一种很特别的格式叫作“香炉蜡烛台”（图 2-1）。

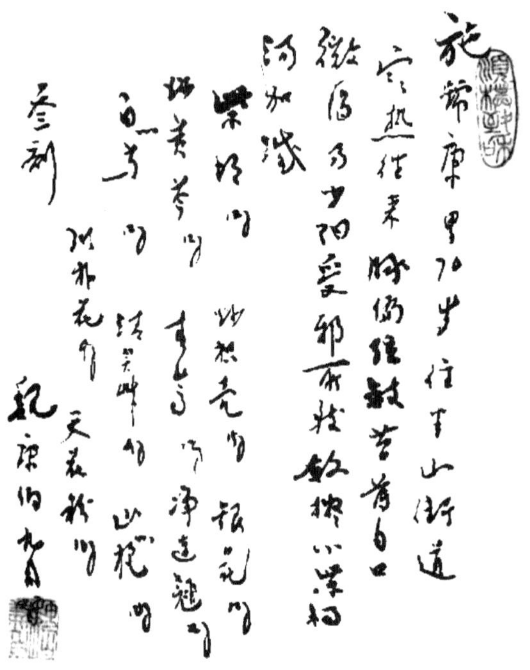

图 2-1　魏康伯“香炉蜡烛台”格式的处方手稿（时年九十二岁）

这个格式也成了一种特殊的标记，所以凡遇同一门派的医生，大家一看对方写的处方，就知道是姚派的同门。魏康伯到浙江中医学院（现浙江中医药大学）任教后还因此发生了一件趣事。有一次，魏康伯给一个熟人开了一张处方，几经辗转被时任浙江省中医院院长的杨继荪教授看到了。杨教授治学严谨，用方灵活，师古而不拘泥于古，他强调中医治病贵在辨证，而掌握病性和演变规律则是辨证的关键，他诊治疾病的过程，常常体现出融会伤寒温病、集众家之所长而活用的特点。他在与魏康伯交流的过程中，特别提到临床辨证要重视“审症求因，治病求本”，要重视与现代医学相结合，要用先进的科技和仪器设备来武装中医。他认为，对于目前的许多疾病，只有医生明确诊断，才能够给患者制定更加精准的治疗方案，这些魏康伯也深以为然。他也说到是通过魏康伯的“香炉蜡烛台”处方，才知道魏康伯是姚派中医的门人，而杨教授原来也是姚派同门。

第三章

声名鹊起

第一节　学满出师　行医笕桥

1948 年 5 月，魏康伯终于学满出师，当时凡是出师要行医的医生，都要经过余杭县（今属杭州市余杭区）中医师公会考核，获得中医师公会证书，才能挂牌行医。中医师公会在抗战胜利后成立，会长是同行投票选举出来的，魏康伯是后来报名申请入会的。接收魏康伯的是一位姓蒋的医生，他询问了魏康伯学习的经过及擅长的专业。最后大约交了一斗米的入会费，魏康伯便正式加入中医师公会。一个月后，魏康伯通过了考核，余杭县中医师公会给他颁发了会员证和开业许可证（图 3-1）。魏康伯的师门也发给他一块“出师牌”，也就是魏康伯师从李以锄先生的证明，这块牌上的内容是这样写的：“李以锄夫子授魏康伯，内、妇、外科。”

5 月中旬开始，一位姓冯的药师介绍魏康伯到笕桥镇颐和堂中药房坐堂应诊。魏康伯现在回想起开诊第一天的情景，感觉就像是昨天的事情。记得那天非常热闹，因为大部分患者是不用挂号的，先到先诊，那天来了很多人，大家自觉排好队，也很遵守候诊秩序。魏康伯的诊费是不规定价格的，他只管诊治患者，诊好病后，由患者或家人自觉将诊费放到诊金箱中，不拘多少。当魏康伯那天结束一天的工作后，把诊金箱的抽斗打开，清点第一天独立开诊的诊费，令他意外的是，居然有 36 块银圆，要知道 36 块银圆在当时可以买到三担多的大米呀！第一天能有这样的收入，确实是非常好了，魏康伯也很是高兴。

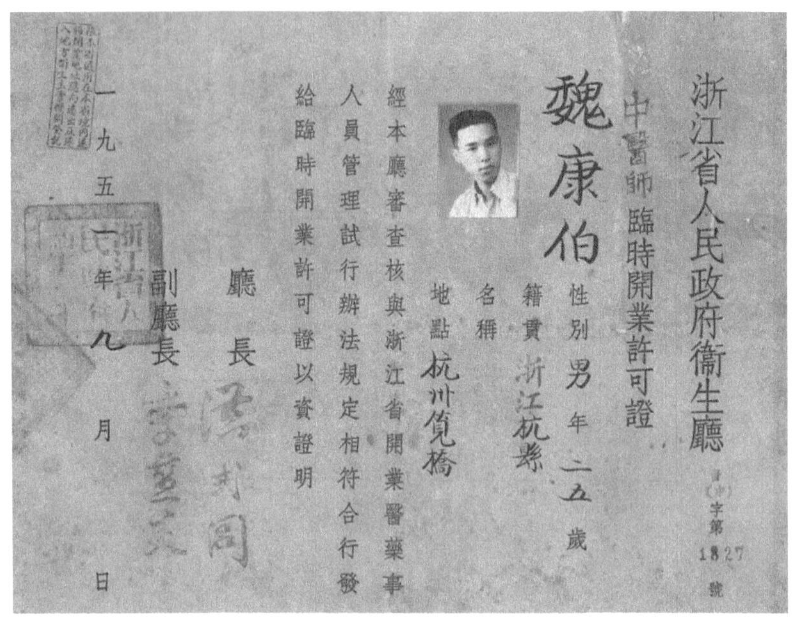
浙江省人民政府衛生廳
（中）字第 1827 號
中醫師臨時開業許可證
魏康伯 性別 男 年 二五 歲
籍貫 浙江杭縣
名稱
地點 杭州筧橋
經本廳審查核與浙江省開業醫藥事人員管理試行辦法規定相符合行發給臨時開業許可證以資證明
廳長
副廳長
一九五一年九月 日

图 3-1　魏康伯学满出师后在笕桥行医的开业许可证

从那以后魏康伯就开始了在笕桥行医之路。平时魏康伯除了每天上午要在颐和堂坐诊外，下午有时还会应患者之邀，到其家中出诊。忙的时侯，一个下午要去三家。魏康伯那时还不会骑自行车，都是走路出诊的，来回都很不容易，尤其是在炎炎夏日，天气热，更吃力。那时出诊的费用也是由患者家随意给的，患者及其家人看魏康伯顶着烈日还坚持出诊，实属不易，在付诊金的时候一般都会主动多给一些。对于那些家境困难的患者，魏康伯一般就不收诊金了。因此，魏康伯后来在周边的十里八村乡亲们中的口碑还不错。

1951 年，笕桥联合诊所成立，据说杭州市里还没有先例。当时参与发起组织联合诊所，主要是响应杭州市卫生局医政科的号召，以便在“双抢”[1]的时候，开展巡回医疗，魏康伯在笕桥医政科长郑祥君同志的领导下开展工作。当时老百姓生活还很困难，魏康伯出诊收入虽不高，但也尽心尽责，每天都要走访出诊二到三家农户。农村“双抢”的时候，巡回医疗很有帮助，比如有些农民因过度劳累引发关节或腰部急性疼痛，他们就用针灸或药物进行对症治疗，十多分钟后就不痛了，效果很好，农民可以继续参加生产劳动。

[1] 水稻在南方一般种两季，七月早稻成熟，收割后，要立即耕田插秧，务必在立秋左右将晚稻秧苗插下。因水稻插下后六十多天才能成熟，八月插下十月收割。如果晚了季节，收成将大减，甚至绝收。只有不到一个月，收割、犁田、插秧，十分忙，所以叫“双抢”。

当时中医药对于胃肠道疼痛也很有帮助，解决了农民的病痛，不耽误“双抢”生产的进程。对于他们的表现，乡政府及区里都公开进行了表扬，后来市卫生局也专门开大会表扬了他们，还邀请魏康伯在大会上介绍经验，此后杭州市联合诊所也逐渐成立起来了。

第二节 精勤不倦 执教浙中

为了进一步提高业务水平，更好地服务患者，魏康伯开始参加专业进修。第一次是在 1950 年 12 月到 1951 年 3 月，魏康伯参加了由杭州市卫生局组织的“杭州市中医进修班”。进修班一般都是下午上课，地点在杭州市卫生局附近的学士路上。那时魏康伯已学会骑自行车，常常是上午门诊后就从笕桥骑车去城里上课，路上大约要骑 1 个小时左右。如果遇上下雨天，他就只能挤公交车去上课，下车后还要跑不少路才能到学校。他们学习的课程主要有解剖生理学、诊断学、传染病学、细菌学、寄生虫学、急救学、公共卫生等西医课程，非常实用。魏康伯学得很用心，也对课程很有兴趣，最后成绩也是比较好的（图 3-2）。

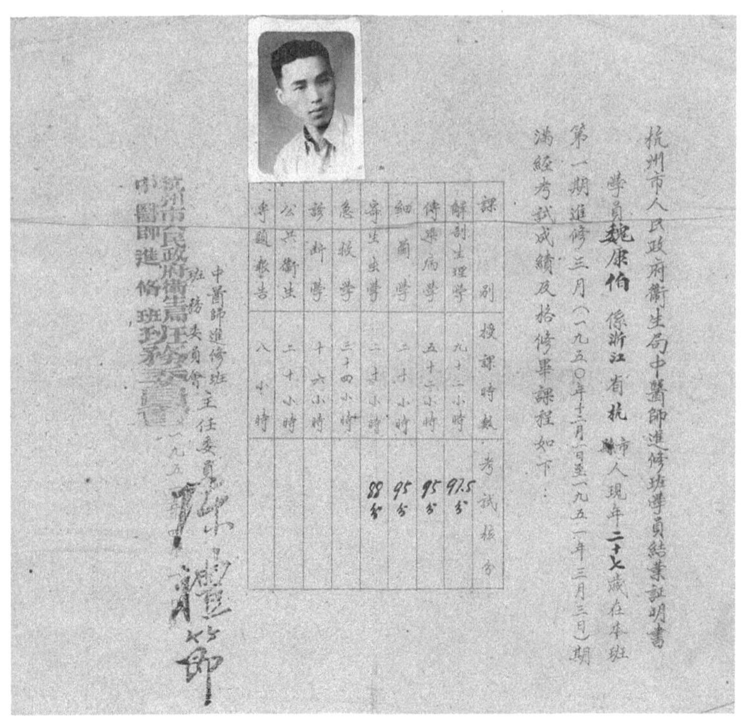

杭州市人民政府衛生局中醫師進修班學員結業証明書

學員魏康伯 係浙江省杭市人現年二十七歲在本班第一期進修三月（一九五〇年十二月一日至一九五一年三月三日）期滿經考試成績及格修畢課程如下：

課別	授課時數	考試核分
解剖生理學	九十二小時	97.5分
傳染病學	五十二小時	95分
細菌學	二十小時	95分
寄生虫學	二十小時	88分
急救學	三十四小時	
診斷學	十六小時	
公共衛生	二十小時	
專題報告	八小時	

中醫師進修班主任委員

班務委員會

图 3-2 魏康伯在杭州市中医进修班的成绩单

当时，同班同学的年龄层次也不尽相同，杨少山、唐福安两位名医也在班级里，是魏康伯的同学，魏康伯和他们很熟悉，魏康伯是班级里年龄最小的，他们对魏康伯很友好，就像兄长一样。魏康伯与浙江省中医药研究所（现浙江省中医药研究院）的凌天翼比较要好，经常在一起讨论问题，他对预防血吸虫病的研究很深入，相关成果也获了很多奖。班级里还有不少其他的同学，后来也都是各地的名医了。

1956 年 2 月，经由杭州市卫生局医政科介绍，魏康伯参加了“浙江省中医进修学校师资班第二期”的学习，上半年进修学校还在杭州市四宜亭附近，下半年就搬迁到大学路的“老浙大”校区（图 3-3）了。在进修班里，冯鹤鸣是班主任，魏康伯则被选为副主任，主抓学员生活事务。他们每周六有一次政治学习（听时事报告或报纸上的重要时事），当时的教务员是蔡亚珍老师，负责他们的排课、调课等教学、教务工作。

图 3-3　浙江省中医进修学校“老浙大”校区（左为舜水馆，右为和平馆）

师资班的授课由何任[1]老师讲《金匮要略》，潘澄濂[2]老师讲《伤寒论》，有一位姓蒋的老师讲温病学，蔡鑫培老师讲中药学，还带魏康伯他们做一点

[1] 何任（1921—2012），浙江杭州人。1956年加入中国共产党，1940年毕业于上海新中国医学院，后随父学中医，曾开业行医。1955年后，历任浙江省中医进修学校副校长、校长，浙江中医学院教授、副院长、院长，中华全国中医学会第二届常务理事、浙江分会会长。潜心于中医教育事业，培养了一批中医人才。临床长于内科、妇科病的治疗。喜用“金匮方”，对湿温急证及胃脘痛、崩漏等疑难杂病疗效显著，对《金匮要略》的研究，颇见功力，著述甚丰。

[2] 潘澄濂（1910—1993），中医学家，浙江温州人。1929年毕业于上海中医专门学校，后开业行医。新中国成立后，历任浙江省中医药研究所副所长、所长，中华全国中医学会第一、二届理事和浙江分会副会长，中国农工民主党第八届中央常委和浙江省委第四、五届副主任委员，第五、六届全国政协委员。长期从事中医临床与医典的研究工作，对肝炎、肝硬化等病的诊治有独到之处，著有《伤寒论新解》《潘澄濂医论集》等。

实验。教授针灸学的是外聘的楼百层[1]医师，还有临床相关的专业课程也都是外聘老师。除了上述的中医主干课程外，师资班还开设了解剖生理、传染病等西医课程，都是聘请浙江医科大学（现浙江大学医学院）的教师来授课。魏康伯当时因成绩优异，每个学期都被学校评为优等生（图 3-4）。

本校学员魏康伯在进修期间，学习努力，团结互助，生活表现等均称优良，业经评选为第四期第一学期优等生，特给予奖状以志荣誉。
浙江省中医进修学校
校長
付校長
公元一九五六年七月廿五日

本校学员魏康伯在进修期间，学习努力，团结互助，生活表现等均称优良，业经评选为第四期第二学期优等生，特给予奖状以志荣誉。
浙江省中医进修学校
校長
付校長
公元一九五七年一月十三日

图 3-4　魏康伯被评为优等生的奖状

师资班的同学年龄都比较大，魏康伯和冯鹤鸣年龄较小。冯鹤鸣为人率直，直言快语，做事雷厉风行，在行政管理方面能力非常突出，魏康伯经常向他请教学习，受益颇多，他们配合得也很愉快。后来他们顺利毕业（图 3-5）

毕业証书
学員魏康柏現年三〇岁
原籍浙江省杭州市县人在
本校第四期師資班学习壹年期
滿成绩及格准予毕业特
发给証书以資証明此証
浙江省中医进修学校
校长
副校长
一九五七年元月　日

图 3-5　魏康伯的浙江中医进修学校的毕业证书

[1] 楼百层（1913—1992），浙江诸暨人。1935年毕业于浙江中医专门学校，后开业行医。1956年后，历任浙江省中医药研究所针灸研究室主任、研究员，浙江中医学会针灸分会主任委员，中国农工民主党党员。致力于针灸研究四十余年，兼及内科，尤对针刺补泻手法有所开拓。其针灸经验被输入电子计算器应用于临床。著有《针灸手法》等。

且成绩优异，并一同留在浙江省中医进修学校（浙江中医药大学前身）任教，关系也一直很好，魏康伯经常向他请教，他也给予了魏康伯很多指导和帮助，可谓是良师益友。

1957年1月，魏康伯在浙江省中医进修学校师资班结业后，王毅生校长亲自与他谈了三次话，先问他的政治历史、家庭情况，然后询问他留校任教的意愿，王校长跟他说："留校任教工资是不高的，大约每月60多元吧。"魏康伯笑着说："我能在这里学到许多知识，已够满意了，还会计较一点工资吗？"校长拍了拍魏康伯的肩膀说："好！你肯吃苦，有上进心，欢迎你到这里工作！"1957年2月，魏康伯正式进入浙江省中医进修学校任教。此后，魏康伯就一直在学校从事教学、学术、临床等工作（图3-6）。

图3-6　魏康伯在校任教期间为学生辅导答疑

魏康伯讲授过的课程很多，如《黄帝内经》、《伤寒论》、温病学、中药学、方剂学、内科学、中国医药史等，多年之后，对中医各科应该说都有所了解。随着讲课的时间久了，魏康伯在中医教学中发现一些亟待解决的问题，比如分科太细，做学问本来应该化繁为简，用西医学科给中医分科而且分得太细，这样就硬把理论学习时间拉长了，有"化简为繁"之嫌。

1960年4月，浙江中医学院（现浙江中医药大学）并入浙江医科大学，成为该校的一个系。当时学院设有11个教研组，4个研究室，均直属于学院领导。魏康伯负责中医方面的教学、临床带教和会诊等工作（图3-7）。

图 3-7 魏老师在门诊临床带教诊治患者（左二为魏康伯）

“文化大革命”时期，学校停课，学校的学生要去学工、学农、学军。但魏康伯没有中断自己的专业，继续进行门诊，十分注意积累资料，认真地收集、整理、随访。

1969 年下半年，学院领导带领全院师生到嵊县三界区（现位于绍兴柯桥区、上虞区、嵊州市三地交界处）接受“再教育”，开展巡回医疗。

1970 年，浙江中医学院第二次并入浙江医科大学，当时浙江省革委会以“创造中西医结合的新医药学”为名决定合并，撤销了学院门诊部。这次并入浙江医科大学对浙江中医学院造成的损失比较大。

1970 年开始，魏康伯给浙江医科大学第一届工农兵学生上课，在浙江中医学院重新划出浙江医科大学单独重建之前，他曾带领这批学生去余姚进行临床实习，当时曾用三仁汤为病患祛除热毒。李兰娟、郑树森等几位学生学习非常认真，给魏康伯留下了深刻的印象。1973 年，这届学生毕业了，李兰娟被分配到浙江医科大学附属医院传染病科工作，郑树森留校任教。

1974 年下半年，浙江中医学院划出浙江医科大学单独重建。1975 年，浙江省卫生厅批复恢复学院的中医门诊部，魏康伯就一边在中医学院教学，一边在中医门诊部出门诊。1978 年起，浙江中医学院门诊部也重新开始承担了学院本、专科学生的带教工作及省内部分进修生的进修任务。

此后，魏康伯担任过学院基础部中药方剂教研室副主任、主任，方剂教研室主任。学校对外交流日渐增多，魏康伯也承担了一部分国外进修生的授课任务。

1986年，受到日本东京医药专门学校的邀请，浙江中医学院第二次组织访日学术交流团赴日进行学术交流（图3-8）。交流团由院长冯鹤鸣、顾问杨继荪、魏康伯和附院口腔科主任陈因、外办副主任俞忠树五人组成。

图3-8　交流团抵达日本时的情景（右二为魏康伯）

魏康伯在东京医药专门学校做了3次题为《中医治疗胃癌》的学术演讲，当时的反响非常好。

学术交流团于1986年11月27日出发，12月5日回国。他们先后访问了东京医药专门学校、东京北里大学东洋医学综合研究所及附属医院、当地的文化设施及老年安乐园。在大阪，他们访问了大阪大学医学系、新大阪齿科技工士专门学校、大阪医疗技术学园专门学校及神户市立中央市民病院等单位（图3-9）。

交流团先后做了有关浙江中医教育发展概况、中医辨证论治治疗冠心病、胃病等四次学术讲演，并在齿科学术上进行了座谈交流。交流团的讲演，受到普遍欢迎和赞扬。在访问期间，交流团所到之处，均受到了热烈欢迎和盛情接待（图3-10）。不少单位大门上高挂“热烈欢迎浙江中医学院访日研修团”巨幅标语，职事人员列队欢迎，大门口或会议桌上挂着中日两国国旗，气氛非常热烈。

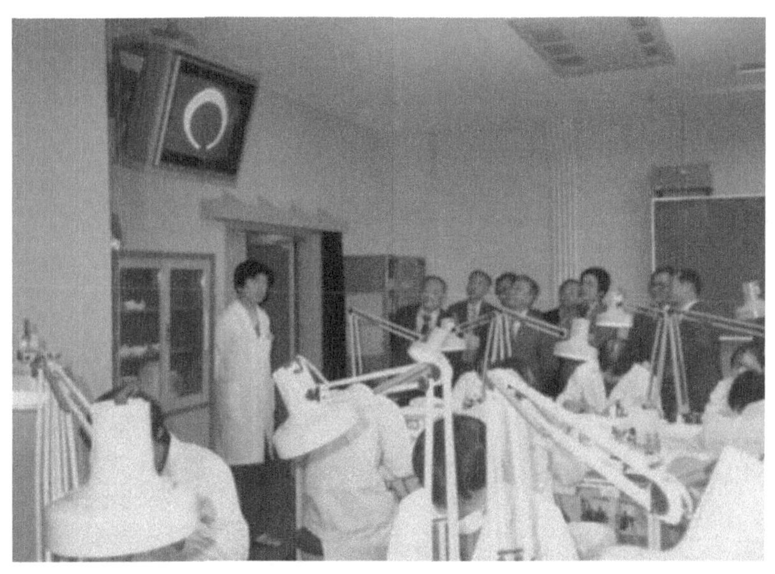

图 3-9　交流团参观当地医院实验室（左二为魏康伯）

图 3-10　参观接洽方组织活动欢迎交流团（右二为魏康伯）

在访问过程中，交流团还收到了各单位赠送的许多珍贵学术资料，以及一些医疗器械和纪念品。通过此次学术访问，他们广泛接触了日本医药界的同道，相互交流了学术，增进了友谊，从而加强了中日两国人民之间的友好交往。日本朋友在宴会上唱中国歌，奏中国曲，场面热烈生动，友情洋溢。

日本在医药教学上的先进设备和先进的医疗技术，对我们有很大的启发意义。日本朋友对中医中药很重视。

1988 年后魏康伯退居二线，方剂教研室主任由连建伟教授担任，1990 年魏康伯正式退休，图 3-11 为魏康伯退休前与方剂教研室同事的合影。

图 3-11　魏康伯退休前与方剂教研室同事的合影（右二为魏康伯，右一为连建伟）

第三节　矢志脾胃　誉满杏林

1970 年开始，魏康伯的诊疗重心逐渐向脾胃病方向转移。说起治疗脾胃病的这个专长，还是他当年跟陈柱立老师抄方时学来的。后来他就一直关注脾胃病，尤其是萎缩性胃炎，从接触第一例患者一直到退休，已经诊治了 2500 多例萎缩性胃炎的患者，也从中发现了一些规律。

目前，国内外很多流行病学的相关调查资料都显示，萎缩性胃炎与胃癌是有着一定关联的。有些报道称在萎缩性胃炎患者中有 3% ～ 5% 会发生癌变，也有的说是 1% ～ 3%。还有一些研究表明，胃癌高发地区的人群中，萎缩性胃炎的发病率也明显增高，通过对一些胃癌患者做病理切片检查后发现，胃癌周边黏膜中，萎缩性病变明显多见。同时在萎缩性胃炎的活检中，发现结肠型肠上皮化生和不典型增生的胃黏膜病变者，其癌变率较高。

一般认为，由幽门螺杆菌引起的慢性胃炎，在向胃癌发展的进程中，是一个多阶段变化的过程（幽门螺杆菌感染→胃黏膜慢性炎症→胃黏膜萎缩→肠上皮化生→不典型增生→胃癌）。当然也存在其他因素的共同作用。所以萎缩性胃炎伴不典型增生，有人认为属癌前病变，它的病因是多元性的，病变过程是多阶段的。很多人谈癌色变，医生说 1% ～ 3% 也好，3% ～ 5% 也好，凡是得了慢性萎缩性胃炎的患者都知道有这么个概率存在，虽然嘴上不说，心里都是很紧张的。但是，在魏康伯这么多年治疗的 2500 多例萎缩性胃炎病例中，经过中医治疗后没有一例发生癌变。如果按上面这个百分比来算，这些患者中至少有五六十人会发生癌变，但实际并没有这么多。所以魏康伯认为，从中医的角度看，这个比例的准确性有待进一步研究。

魏康伯在临床上会告诉患者，患了萎缩性胃炎千万不可忧心忡忡，精神紧张，应遵守医嘱，坚持适度服药，中药西药都好，可按自己的实际情况选用，并要适时复查，适当注意饮食宜忌。萎缩性胃炎是慢性病，疗程较长，必须要有耐心，力戒急躁。魏康伯认为，慢性萎缩性胃炎本身没有那么可怕，只要在适当的治疗和注意保养下，萎缩性胃炎发展成胃癌的可能性简直微乎其微。

当遇到慢性萎缩性胃炎的患者愁眉苦脸地来就诊，魏康伯会肯定地告诉他："没有关系的！不要愁眉苦脸，不必有心理负担，天不会塌下来，回去好好睡觉，这个病中药慢慢调理，该忌口的地方还是要忌，本身不会癌变的，如果有恶变，我认为也是其他因素造成的。但到目前为止，我经手过的萎缩性胃炎患者还没有一个人因此发生癌变的。"他这样说，等于帮患者卸掉了"千斤"的负担，他们会长长地舒一口气。按道理讲，医生不该这样的，容易出现医疗纠纷，但魏康伯一直是这样说的，也正因为他的笃定和对患者的关心，医患之间的信任就这样建立起来了，对后续的治疗也大有帮助。结果在患者的积极配合下，他也从没有让信任他的这些患者失望。

谈到脾胃病的治疗，就一定要讲到忌口的问题。关于胃病的发病原因，魏康伯总结了一下，通俗地讲，男人一般是"吃"出来的，女人一般都是"气"出来的。

胃病尤其是萎缩性胃炎的患者是要忌酒的，有些老患者治疗一段时间后看自己舒服了不少，就会嘴馋要喝酒，这种情况魏康伯都要批评他们。还有甜的东西要少吃，甜的东西吃多了会影响胃酸的分泌，妨碍消化，有时还会引起胃酸、胃胀、胃痛。俗话说，"荤少蔬多，胃喜为补"。平时吃东西，蔬菜多吃一点，水果多吃一点，荤菜少吃一点。我们的身体结构和生理特点决定了我们的肠胃更适应素食，素食也更易消化，所以荤菜不要吃得太多。有些人一吃海鲜就过敏，就是肠胃对这类荤腥的东西不适应；喜欢吃的东西多吃一点，不喜欢吃的东西，你吃下去也是不补的。比如鸡要下蛋了，觉得体内钙质不够，就会找一些含钙质的矿物类东西吃进去。有些农村里的孩子吃泥土，父母紧张得不得了，孩子为啥会吃泥土？其实可能是缺矿物质了。

在春夏之交，天气忽冷忽热，人除了容易感冒发热外，胃也容易出问题。特别是年龄大的人，适应能力差，稍微吃得不注意点，胃就会“抗议”。不过胃病早就不是“老年病”了。现在有一些女孩子，追求苗条骨感，吃得很少，结果饿出胃病；一些男性应酬太多，酒肉不离身，胃病也缠上了身。胃病可大可小，严重的可发展为萎缩性胃炎，甚至胃癌。胃病要“三分治七分养”。胃最辛苦，像机器一样不停地工作，要让胃休息，饮食上要有个度。特别是到了夏天，有胃病的人嘴巴一定要管牢，不能随便吃东西。

得了胃病生冷是大忌，尤其是夏天不能贪凉喝冷饮。魏康伯有个朋友，得了萎缩性胃炎，七八个月治下来，胃镜复查萎缩的部分缩小了，肠化生找不到了，还有一点炎症，再保养一阵就康复了。但2006年足球世界杯期间，他一边看足球，一边喝冰啤酒，到了晚上，胃就胀痛难受了，这样一来，他又要好长一段时间才能恢复过来。

对于脾胃虚寒的人，也要少吃西瓜。这类患者吃了西瓜之后，反复疼痛、胃胀，这种例子很常见。以前有个四十多岁的陕西渭南人，就是脾胃虚寒，在魏康伯那里治疗了两个多月，情况一直蛮好，魏康伯交代他有两个注意：第一是西瓜不能吃，吃了恐怕要引起反复发作，胃不舒服；第二是冷饮不能喝。他刚开始时是听的，但后来就大意了。有一天家里人吃西瓜，他也吃了，就薄薄的两块，这西瓜一下肚，过了两个小时胃就不舒服，痛到吐。他打电话过来询问怎么办，魏康伯让他喝一点温开水或用热水袋敷一下胃脘部。结果喝下去两个小时后，人就缓过来了。

这样的病例不胜枚举，来自各个地区，胃病患者看得多了，康复了的患者口口相传，就这样慢慢地魏康伯在浙江省内就有了名气。虽然就他本人的性格而言，对名利之事看淡得很，但看到患者经他之手，病痛得以缓解，身体得以康复，他的心里就非常满足。

第四章

高超医术

第一节　脾胃病诊治经验集锦

脾胃病是临床的常见病和多发病。魏康伯老师对脾胃病的辨证治疗，可谓师古而不泥古，方法多样，临床经验丰富。我们回顾分析了魏老师众多跨越不同年代的医案和处方，梳理出魏老师治疗脾胃病的学术框架主要体现在以下四大方面。

第一，强健脾胃为大纲，遵东垣温补之法。魏老师认为健脾胃为治疗脾胃病的基本大纲，他尊崇李东垣的温补脾胃之法，从脾胃不足论治，重点在于使脾得到强健、胃得到康复，以恢复脾胃本身的运化功能。

第二，调脾胃疏肝为要，化王氏疏理之意。魏老师认为，有些时候脾胃本身并无大碍，但由于其他脏腑病变导致脾胃病发作，此时就应从脏腑相关论治。如肝气太旺，木来侮土，脾胃的运化就会受到干扰，从而出现脾胃病的相关症状。治疗上，魏老师移用王泰林“疏肝理气”之法进行拓展，在治疗上形成了调脾胃疏肝为要的风格。

第三，从其标本执活法，协调平顺存一心。在中焦脾胃出现寒热虚实掺杂、错综相连的病症时，魏老师主张抓住其标本虚实的要点，灵活变通，旨在协调和平顺脏腑，治疗上师法仲景辛开苦降之大法，以期达到内环境协调和平顺的状态。

第四，治杂症亦尚健脾，伏龙肝巧用止泻。魏老师对于一些杂症的论治也多从脾胃入手，脾为后天之本，脾气健运则生化有源，杂症易除。对于伏龙肝一药的运用，魏老师有独到的经验，认为此药具有很好的止呕、止血作用。

以下从上述几个方面进行逐一论述。

一、强健脾胃为大纲，遵东垣温补之法

李东垣为金元四大家之一。在他那个时期，战乱频繁，百姓流离失所，饥饱失调为常见现象。如此的社会环境，也造成了当时疾病的特征以脾胃内伤为主要特点。李东垣在继承其师傅张元素学术思想的基础上，结合自己的临证经验，创立脾胃学说，著成《脾胃论》一书，影响深远。当今社会，虽是和平年代。然而工作生活的压力，也使人们常常处于“疲于奔波”的状态，饥饱失调及压力所导致的内伤疾病随处可见——这些均与李东垣学术思想产生的社会时代背景有很大的相似性。上述也是李东垣的学术思想及其所创立的调理脾胃方剂在当今社会广泛流行的主要原因。

魏老师在大量临床实践与理论研究的基础上，较早地认识到当今社会时代背景与李东垣时期的相似性，也较早地运用李东垣的相关学说进行临床实践，并留下了许多宝贵的经验。

在总结魏老师数十年的行医医案和处方后，我们将临床见到的这类脾胃病证进行了归纳。症见：肢体倦怠乏力，少气懒言，语音低微，动则气促，面色萎白，食少便溏，舌淡苔白，脉虚弱，甚或虚热自汗，或脱肛，子宫脱垂等。辨证：脾胃气虚证。分析：脾主运化、升清，功能失职则致使水谷、水湿不运，化源不足，而致脾不统血，清阳不升，出现腹胀或痛、纳少、便溏、浮肿、困重、内脏下垂、出血等变化。胃主受纳、腐熟，功能失职则胃失和降，胃气上逆，而见食少、脘胀或痛、呕恶、呃逆、嗳气等诸症。

针对此类脾胃不足证，魏老师诊治的重点在于使脾得到强健、胃得到康复，以恢复脾胃本身的运化功能。以下为魏老师最喜欢运用的基本方，是治疗脾胃病的框架，也是进行化裁的基础，见表 4-1。

表 4-1　魏老师治疗脾胃病常用基本方

方名	来源	组成	功效特点	主治
四君子汤	《太平惠民和剂局方》	人参、白术、茯苓、甘草	益气健脾；为补益脾胃的基本方	脾胃气虚证
补中益气汤	《内外伤辨惑论》	人参、白术、黄芪、甘草、当归、陈皮、升麻、柴胡	补中益气，升阳举陷；为治疗脾胃病、补中有升的代表方	脾虚气陷证

续表

方名	来源	组成	功效特点	主治
参苓白术散	《太平惠民和剂局方》	人参、白术、茯苓、甘草、白扁豆、桔梗、莲子、砂仁、山药、薏苡仁	益气健脾、渗湿止泻；为“培土生金”“补中有渗”的代表方	脾虚夹湿证
六君子汤	《医学正传》	人参、白术、茯苓、甘草、半夏、陈皮	益气健脾又燥湿化痰的基础方	脾胃气虚兼痰湿证
香砂六君子汤	《古今名医方论》引柯韵伯方	木香、砂仁、人参、白术、茯苓、甘草、半夏、陈皮	益气健脾，又行气化痰，精简而全面	脾胃气虚、痰阻气滞证

魏老师的临床经验特点总结如下。

（1）此类脾胃病，每以补气药物为主，常用人参、党参、黄芪、白术、炙甘草之类。由于脾胃气虚，运化力弱，故魏老师用补气药分量一般比较轻，用药的味数精简有序，很少超过十五味；

（2）因脾胃气虚，功能减弱，而补气之品易于碍胃，故魏老师在补气健脾方中配行气药，如运用少量陈皮、木香、砂仁之类行气药物为佐，使补而不滞；

（3）因脾主运化水湿，脾气虚，每致水湿内停，故补气方剂常配利水渗湿之品，如茯苓、薏苡仁之类，使水湿下渗而脾运得健，并可加强补气之功；

（4）脾气主升，脾气不足时有中虚气陷者，宜在补气方中稍佐升举清阳之品，如升麻、柴胡之类，可加强补气升阳之功；

（5）补气方剂中较少配伍补血药，以免其滋腻碍胃，可佐以少量和血养血之品，如当归、芍药、枸杞之类，但量宜小，过之则阴柔碍胃，故每不多用；

（6）对脾胃病辨证结合辨病，魏老师还参考现代医学的病理等检测指标，运用中药药理等知识，对幽门螺杆菌的清除和胃黏膜炎性病变、肠化生及异型增生的调控有着较多的研究，在反复实践中形成了独特的脾胃病辨证辨病结合诊治方法，效果显著。如在辨证的基础处方上，根据不同情况加入清热解毒或散结破瘀之品等。

以上方法治疗各种脾胃气虚诸病，每获良效。举例如下。

例 1　王某，女，25 岁。苍南龙江人。

2004 年 3 月 4 日来诊。症见：脾胃气虚，运化失健，纳食不振，经行腹痛。

当以益气运脾为先。

处方：清炙黄芪12g，潞党参12g，焦白术12g，清炙草5g，炒陈皮12g，炒山药15g，炒白扁豆15g，炒鸡金12g，炒山楂12g，姜半夏12g，绿萼梅9g，炒延胡索12g，炒白芍12g，制香附12g，炮姜10g，川连3g。共14剂，水煎服。

脉症分析：脾主运化，脾胃气虚则运化失健。运化失健，一则导致气血无生化之源，出现少气、血不足等症状；另则容易引起饮食积滞，出现纳呆、减食等症状。此外，若脾胃失运日久，不但引起气血亏虚，亦能因气虚而导致血瘀，患者出现经行腹痛即是血瘀的表现，其根本原因在于脾胃虚弱。综合脉症，魏老师诊断此为脾胃气虚兼夹血瘀之证，方以益气健脾为先，佐以理气活血止痛。

方药解析：

（1）补气健脾为主。黄芪甘微温，“主痈疽久败疮，排脓止痛，大风癞疾，五痔鼠瘘，补虚，小儿百病”（《神农本草经》）。李东垣善用黄芪，经典方剂升阳益胃汤、补中益气汤、当归补血汤等均用到了黄芪。清代王清任用以主治中风之气虚血瘀证的补阳还五汤也以黄芪为君，近人多总结认为大剂量的黄芪是补阳还五汤取效的关键。再如近现代名家张锡纯所创立的升陷汤，用治大气下陷之气脱症，也应用了黄芪。总体而言，黄芪为补气之首药。魏老师在方中首书黄芪，亦是用其补气之功。

黄芪配伍党参、白术、炙甘草、陈皮颇具李东垣补中益气汤之意，只是魏老师不用其中的升麻、当归、柴胡。这样的做法，主要有以下几点考虑：①当归偏于补血，而患者有瘀滞的表现，恐犯“虚虚实实”之戒，故不用；②柴胡偏于行气，患者为气虚之人，故不用；并且，柴胡有“截肝阴”一说，不用柴胡另有防治其“截阴伤血”的考虑；③升麻主要为升提气机之用，患者无气机下陷之证，故非必须之药，亦不用。

山药甘温，“主治伤中，补虚羸，除寒热邪气，补中，益气力，长肌肉”（《神农本草经》），善补脾阴。另外，魏老师还加入扁豆渗湿健脾，半夏化湿，炒鸡金、山楂分消饮食之积滞，与上述诸药合奏补气健脾之功。

（2）理气佐之。理气药之用有两大作用，一为“补气防壅”，二为“理气止痛”，分释如下：①中医理论有“补气防壅”之说，故常在补气的基础上佐少量的理气之品，一则能防壅滞，另则亦能理气，以助脾之运化。魏老师也在补气的基础上，加入少量的理气之品，如绿萼梅、延胡索、制香附、陈皮等都有理气的作用，可助脾胃的运化；②患者有经行腹痛的症状，绿萼梅、延胡索、制香附等还有疏肝理气的作用，且为调经要药，故魏老师以此兼顾患者月经的问题。

（3）其他。①炒白芍。白芍苦平，“主治邪气腹痛，除血痹，破坚积，寒热，疝瘕，止痛，利小便，益气”（《神农本草经》）。善于止痛、活血，且有益气的作用，切中患者气虚有瘀且有痛的特点。②炮姜。炮姜辛温，善于温中。治疝方剂天台乌药散以及王清任的少腹逐瘀汤等专门用到了炮姜，盖炮姜有温中止痛的作用，尤其在止少腹之痛方面具有独到之处。妇人经来腹痛，从部位和症状来说，都符合上述特点，魏老师用之，故亦有此意。③黄连。黄连苦寒，“主治热气，目痛，眦伤，泣出，明目，肠澼”（《神农本草经》）。朱丹溪在经行腹痛的治疗经验中，专有“因于热”一说，也常用黄连。魏老师也考虑到这方面的原因，故用黄连；并且，黄连还能佐制干姜过于辛热之性，减少耗伤阴血之弊。

例2 张某，女，47岁。闸弄口新村。

2004年3月25日来复诊。刻诊：浅表萎缩性胃炎并食道炎。服前方后，泛酸减少，隐痛未作，脉弦已平。宗原法。

处方：潞党参15g，焦白术15g，茯苓15g，清炙草5g，青皮12g，陈皮12g，绞股蓝15g，蒲公英20g，象贝12g，海螵蛸15g，砂仁（后下）6g，绿萼梅10g，炒延胡索15g，川朴12g，炮姜5g。共7剂，水煎服。

脉症分析：此是复诊医案。因为服药后诸症皆有所好转，故魏老师以原方守之。此方主要针对泛酸、胃脘隐痛等症状。从脉象描述上看，患者原为弦脉，多属肝气郁滞之证；又久病之体，体质较为虚弱；因此，脾虚气郁是此案的主要病机。魏老师在组方上充分考虑到上述病机特点，主要采用补气健脾兼理气的思路。

方药解析：是方为魏老师以四君子汤为基础进行加减化裁。具体分析如下。

（1）补气健脾。四君子汤为此方的基础方，方中党参、炙甘草偏于补气，焦白术、茯苓偏于健脾。

（2）理气止痛。方中理气之品主要有青皮、陈皮、象贝、砂仁、绿萼梅、炒延胡索以及川朴，并且，诸药各有特长。如青皮、陈皮善于理气和胃，砂仁善于理气温胃，绿萼梅善于疏肝解郁，炒延胡索善于理气止痛，川朴善于理气化湿等。

此外，海螵蛸主要为制酸而用，炮姜主要功用在于温中止痛。总之，上述诸药标本兼顾，既补患者脾气虚弱，又能理气止痛，并照顾兼症，协同发挥疗效。

总结分析发现魏老师临证加减的常用药物如下。

①由于不少患者是思虑过度、伤及脾胃，因此常用如绿萼梅、佛手片、香附、佛手、婆罗子、玫瑰花、合欢花等清展脾气的药物；②与汤剂常配合服用的中成药有逍遥丸、参苓白术散等；③嘈杂、泛酸者，加用瓦楞子、煅海螵蛸、姜汁炒竹茹、左金丸；④呕逆者，加半夏、旋覆花、代赭石等；⑤夹湿、夹痰者，加象贝母、二陈汤、平胃散化裁，煅瓦楞子散结消痰；⑥兼瘀者，加当归、芍药、川芎、丹参、广郁金、红藤等；⑦兼食，加沉香曲、焦白术、鸡内金、莱菔子等；⑧兼寒者，加炮姜、荜澄茄等暖脾胃；⑨兼胃阴不足者，加沙参、麦冬、铁皮石斛等；⑩兼自汗、盗汗者，加地骨皮、银柴胡等；⑪思虑过度，兼寐差者，加天王补心丹裁减、青龙齿、夜交藤、柏子仁等；⑫若泻下者，一般加用石榴皮取其收涩；⑬若病理检查为胃炎有糜烂，或萎缩性胃炎，或有肠化生，或胃癌术后的患者，常加蒲公英、金银花、白花蛇舌草、凤凰衣、灵芝片、绞股蓝、炮甲片、石斛等。

此外，魏老师在处方用药方面还有自己独特的风格：魏老师认为，若脾胃功能不好，则百药难施。因而他用药精简、药性温和清淡，很少用峻猛、攻伐之品，以固护胃气，亦遵循“胃气养生之主，胃强则强，胃弱则衰，有胃则生，无胃则死。是以养生家必以脾胃为先”的观念。比如他在治疗脾胃病用消导剂就比较注意柔和，三子养亲汤中他保留苏子、莱菔子，去掉破气的白芥子，代以温润的杏仁。综观魏老师处方，除了膏方和治疗肿瘤病症的方药药味较多外，一般药味均在十余味，很少超过二十味，但却效如桴鼓。

二、调脾胃疏肝为要，化王氏疏理之意

“疏肝理气法”是治疗脾胃病的重要方法，也是魏老师在前人基础上创新性化裁的一大疗法。他认为，引起脾胃病气机失调的原因虽然不一，但七情所伤，气分为病。他根据中医脏腑学说的相关理论，指出肝与脾胃在病理上的相互关系，肝病可影响脾胃，而脾胃之病亦可影响于肝。正所谓“土得木而达”“木赖土而荣”。脾得肝之疏泄，则运化健旺，肝得脾所输布的水谷精微

滋养，疏泄之功才能正常。因此，在治疗脾胃病的时候，不能只限于局部，根据魏老师多年的临床经验发现，因肝胆、脾胃之气机失调所致脾胃病者，非常多见。所以魏老师强调在脾胃病的治法上，注意疏理肝之气机，实为关键的一环。

魏老师在阅读清代医家王泰林《西溪书屋夜话录》时，颇受王氏“疏肝理气”的启发。王氏发挥了“疏肝理气”思想，说：“一法曰‘疏肝理气’，如肝气自郁于本经，两胁气胀或痛者，宜疏肝，香附、郁金、苏梗、青皮、橘叶之属。”其立法用意是为“肝气病”而设，且所举药物皆属疏肝之品。由此可见，王氏所提此法的原意，并没有主张从脾胃入手，其旨仅在疏肝而已。而魏老师根据“五脏相关”的观念，从“治脾胃必先治肝”之见解出发，移用了王泰林“疏肝理气法”的思想，并对其内容加以扩展，在疏肝基础上充实了调理脾胃气机的药物，创造性地开发了疏理肝气与调理脾胃气机相统一的治疗方法。根据“疏肝理气法”治疗脾胃病的用药要求，魏老师在临床中梳理出 5 个代表性的方剂：柴胡疏肝散、抑木和中汤、加味左金丸、白术芍药散和金铃子散。具体梳理见表 4-2。

表 4-2 魏老师“疏肝理气法”代表方剂

方名	来源	组成	功效	原主治
柴胡疏肝散	张介宾	柴胡、白芍、香附、陈皮、枳壳、川芎、炙甘草	疏肝理气	肝气郁结、胁肋疼痛、寒热往来
抑木和中汤	费伯雄	当归、白蒺藜、广郁金、青皮、陈皮、广木香、砂仁、白檀香、佛手、厚朴、茅术、白术、茯苓	抑木和中	肝气太强、脾胃受制、中脘不舒、饮食减少、脉左关甚弦右部略沉细
加味左金丸	费伯雄	黄连、吴茱萸、白蒺藜、广郁金、青皮、陈皮、醋炒柴胡、佛手、砂仁、广木香、延胡索、瓦楞子、荜澄茄	辛开苦泻、疏肝气、和脾胃	肝郁气火俱升、上犯胃经、痛连胁肋
白术芍药散（又名痛泻要方）	刘草窗	白术、芍药、陈皮、防风	疏肝实脾	肝旺脾弱、木郁犯脾所致的腹痛肠鸣、大便泄泻、泻必腹痛
金铃子散	《圣惠方》	金铃子、延胡索	疏肝行气止痛	肝郁气滞、化火横逆、胸腹胁肋疼痛

从以上所选 5 个方剂的组成上，经归纳共梳理出药物 26 味，按其功效来分，魏老师分出了下列 3 组：

（1）疏肝胆：柴胡、香附、金铃子、郁金、白蒺藜、枳壳、青皮、吴茱萸。

（2）理脾胃：木香、砂仁、陈皮、檀香、佛手、厚朴。

（3）入肝脾：当归、川芎、芍药、延胡索、茯苓、白术、茅术、甘草、黄连、荜澄茄、瓦楞子、防风。

以上3类药物魏老师在脾胃病治疗中的运用经验总结见表4-3。

表4-3　魏老师“疏肝理脾法”中3类药物的运用经验

功效	药物	概念	使用原则
疏肝胆	柴胡、香附、金铃子、郁金、白蒺藜、枳壳、青皮、吴茱萸	“法”中之常药	作为“疏肝理气法”的主体
理脾胃	木香、砂仁、陈皮、檀香、佛手、厚朴		
入肝脾	当归、川芎、芍药、延胡索、茯苓、白术、茅术、甘草、黄连、荜澄茄、瓦楞子、防风	“法”中之变药	作为“疏肝理气法”的佐使

第（3）类入肝脾药物的特点和使用具体说明见表4-4。

表4-4　入肝脾药物的特点和使用具体说明

功用	药物
入肝补肝	当归、川芎、芍药
行气活血	延胡索
入脾健脾	白术、茅术、茯苓、甘草
苦泻肝火	黄连
散结消痰、调和脾胃	瓦楞子
暖脾胃、散滞气	荜澄茄
散肝脾之邪郁	防风

临床方药运用举例如下。

例1　李某，女，44岁。缝纫车工。

初诊：1972年4月。半年前因胃痛大便潜血强阳性住院1月余，后行胃次全切除术，愈后出院。近2个月来，常感脘部隐痛，呕逆嗳气较频，时有腹胀不适，肝功检查无殊。于1周前经纤维胃镜检查，确诊为反流性胃炎。脉象细弦，苔薄白根部较厚。证见肝胃失和，宜疏理为法。

处方：软柴胡8g，炒白芍8g，炒川楝子8g，制香附12g，广郁金9g，佛手片9g，焦白术9g，炒延胡索10g，炒青皮5g，炒陈皮5g，沉香曲6g，檀香片 2g，清炙草 3g。共 7 剂，水煎服。

反流性胃炎亦称碱性反流性胃炎，是指由于幽门括约肌功能失调或胃幽门手术等原因造成含有胆汁、胰液等十二指肠内容物流入胃，使胃黏膜产生炎症、糜烂和出血，减弱胃黏膜的屏障功能，引起 H^+ 弥散增加，而导致胃黏膜慢性病变。

脉症分析：此病案中，反流性胃炎的主要表现为胃痛。从症状表现来看，患者常感脘部隐痛，呕逆嗳气较频，时有腹胀不适。据此，魏老师诊断为肝胃失和之证。简而言之，肝气不舒，胃气不降，故见嗳气、泛酸、胃胀等症状，脉象弦细亦是此证。

方药解析：柴胡为常见的疏肝理气之药，配伍白芍以柔肝止痛，另有炙甘草可以缓肝之急；三药重在理气止痛。此外，川楝子、制香附以行气止痛；广郁金用以活血化瘀；佛手片、青皮、陈皮重在理气；白术健脾益气；炒延胡索理气止痛；沉香理气，配伍檀香以助胃气下降。

服 7 剂后，患者病情明显改善，复诊去金铃子散、檀香片，佛手片改用 8g，加玫瑰花 5g，以后均按前方略行加减，连续服用 30 余剂，诸症消失。嘱其吞服参苓白术丸，晨、晚各服 9g。约 1 个月余愈，近 3 年多来，情况一直良好。

例 2 胡某，女，40 岁。挡车工。

初诊：1978 年 5 月。月余来常感胃脘疼痛，时轻时重，嗳气较多，纳食大减，不知饥饿，大便偶有泄泻，月经来潮时觉心烦易躁，胁胀乳痛，脉弦细，舌净苔少。近据纤维胃镜检查为慢性浅表性胃炎（小弯和窦部），病理检查报告为慢性黏膜炎伴肠化生。先拟疏肝理气法。

处方：软柴胡 10g，炒白芍 10g，炒延胡索 10g，炒川楝子 10g，当归 10g，制香附 12g，制川芎 8g，沉香曲 8g，煨木香 5g，炒陈皮 5g，广郁金 9g，焦白术 9g，红藤 9g。共 7 剂，水煎服。

慢性浅表性胃炎为现代医学病名，是胃黏膜呈慢性浅表性炎症的疾病，为消化系统常见病，属慢性胃炎中的一种。可因嗜酒、喝浓咖啡、胆汁反流，或因幽门螺杆菌感染等引起。患者可有不同程度的消化不良症状，如进食后上腹部不适、隐痛，伴嗳气、恶心、泛酸，偶有呕吐。

此例患者的慢性浅表性胃炎主要属中医肝郁气滞证。

脉症分析：患者 1 个月余来常感胃脘疼痛，主要受到情志变化的影响，且时轻时重，提示气机不畅为主要病机。嗳气较多，纳食大减，不知饥饿是胃气上逆的表现，亦属于气机停滞的范畴。此外，患者月经来潮时觉心烦易躁，

胁胀乳痛提示气机郁而化火。总属于肝郁气滞伴有血瘀之证。

方药解析：是方主要以疏肝理气之品，加调经之药而成。前者主要有柴胡、延胡索、川楝子、香附、木香、川芎、陈皮等药，后者主要有川芎、香附、当归、郁金、红藤等药；其中川芎、香附均有理气调经之功。另外，魏老师还加白术以健脾。

服7剂后，脘痛嗳气大减，精神显著好转，复诊处方去金铃子散、郁金，加用绿萼梅、佛手片。以后从顾本上略做更动，服48剂后，症状消失。经钡餐造影检查无异常发现，后无复发。

在对魏老师在1977年至1980年诊治的419例脾胃病资料进行统计时，发现病例中适用疏肝理气法治疗的有138例，占总例数的32.9%。其中慢性胃炎36例，胃十二指肠溃疡19例，术后胃炎5例，慢性结肠炎7例，胃下垂3例，慢性肝炎23例，慢性胆囊炎25例，慢性胰腺炎14例，消化不良6例。在用疏肝理气法治疗的这138例脾胃病患者中统计疗效，结果显示：治愈58例，有效75例，总有效率占96.4%。

魏老师的临床经验总结如下。应用疏肝理气法，首先应该明确在辨证的基础上，分清“疏”与“理”的相互关系，“理气”有理脾气、理胃气之分，目的是要达到一个“和”。因此，“疏”和“理”必须得当，既不能“疏”之太过，也不能“理”之不及。例如，肝血不足，肝气内郁而脾胃失疏者，则“疏”中宜兼养，理气之品则不宜太过，以免暗耗肝阴。反之，脾胃气滞，导致肝气失疏的，如“理”之不及，则气机亦难图复。临床一定要权衡轻重，顾及标本。其次，正因为疏肝理气法是脾胃病众多治法中的一个，所以在具体运用上，必须与其他相关脾胃病的治法有机结合，绝对不能孤立地使用，应当守常达变，全面考虑。再次，疏肝理气法的具体应用，并不是疏肝药和理气药两者简单相加，而是以上述两类药物为主体，结合其他有关药物灵活配伍。故在按法制方遣药上，还须注意配伍法则和辨证的问题，如夹湿、夹痰，兼瘀、兼食及脏腑虚实程度等。

三、从其标本执活法，协调平顺存一心

中焦脾胃疾病，也多容易出现寒热虚实掺杂、错综相连的病症，因此魏老师在治疗脾胃病的时候，除了常用的益气健脾、升清降浊、化痰除湿、疏肝理气、活血止痛等方法之外，还屡屡运用辛开苦降之法。半夏泻心汤为仲

景开创的辛开苦降之代表方，其组合为辛与苦、寒和温之相反配伍，具有辛开湿浊散、苦降热邪除之功效。

魏老师崇仲景辛开苦降之法，但他遵古法却不拘泥，结合现代人和江南湿气重的气候环境的特点，保留半夏泻心汤的半夏、川连为主要药对，盖因黄连苦寒，清热燥湿，和胃止呕，配伍半夏，则寒温同用，相反相成，使清热无碍祛湿，燥湿又无妨清热；半夏之辛能散能开，黄连之苦能降能泻，合而用之，以治湿热中阻，寒热互结之胸痞呕逆证。故凡见中焦痞满，或呕或泻，或隐痛不舒，或泛泛欲呕，舌苔湿腻等临床表现者，均可考虑运用。方药运用举例如下。

例 1 赵某，男，42 岁。

2004 年 3 月 25 日来诊。刻诊：大便偏溏，次稍多，苔厚腻，口苦不适。此为脾胃湿滞，拟清化和中法。

处方：藿香 12g，佩兰 12g，制半夏 15g，川朴 15g，广木香 9g，苍术 15g，白术 15g，枳实 15g，生薏苡仁 20g，川黄连 5g，焦神曲 20g，象贝 15g，蒲公英 15g，绿萼梅 10g，炒陈皮 15g，海螵蛸 12g。共 7 剂，水煎服。

脉症分析：从大便情况来看，患者大便偏溏，且次数较多，主要为湿盛之象，舌苔厚腻亦可为证。又兼有口苦不适，且从得病时令而言，均符合湿热的特点，故魏老师诊断为湿热之证，拟清热燥湿之法。

方药解析：是方以诸多燥湿之药为主，如藿香、佩兰、川朴、苍术、半夏等；广木香、枳实则重在行气；绿萼梅、陈皮则重在理气；生薏苡仁能渗湿健脾；白术能健脾益气；神曲能助脾胃之运化；黄连在燥湿的同时兼有清热的作用，切中病机；此外魏老师还依据不同的兼症另加象贝与海螵蛸。

例 2 赵某，男，42 岁。杭州下沙人。

2004 年 3 月 18 日来诊。刻诊：苔厚白浊，大便偏溏，纳后欠舒，口苦不适，脉细弱。先拟化浊和胃。

处方：藿香 12g，佩兰 12g，广木香 8g，姜半夏 15g，川连 5g，炒陈皮 12g，炒枳实 15g，炒鸡金 12g，郁金 12g，白蔻仁 8g，绿萼梅 10g，象贝 12g，蒲公英 30g，生大黄（后下）3g，川朴 15g。共 7 剂，水煎服。

分析：由上例可见，半夏和黄连为魏老师治疗此类脾胃病必选之要药；又以芳香类的药物代替干姜，增强了化湿功能，又免过于温热，去黄芩之苦寒，代以蒲公英之类，清寒而不伤胃，以期平顺脏腑也。

以上从“强健脾胃为大纲，遵东垣温补之法”“调脾胃疏肝为要，化王

氏疏理之意”“从其标本执法活，协调平顺存一心”这三个方面，对魏老师治疗脾胃病进行了粗浅的论述，但需要强调的是，以上的方法并不是牵强附会，而是在辨证施治的基础上灵活地进行转换的。

下面通过列举一位患者较为完整的治疗过程，来分析说明魏老师是如何进行诊疗方法调整的。另外，魏老师在临证时亦注意从脾论治和从肝论治转换，这样能够更好地治愈疾病。

例 3 方某，女，成年。

初诊：2017 年 10 月 25 日。刻诊：慢性胃炎伴肠化生，进药后症见改善，继前法出入。

处方：炒潞党 15g，焦白术 12g，茯苓 15g，清炙草 4g，清炙芪 15g，青皮 12g，陈皮 12g，砂仁 8g，制香附 15g，炒白芍 15g，绿萼梅 12g，蒲公英 20g，白花蛇舌草 20g，三叶青 15g，海螵蛸 12g，煅瓦楞子 25g，象贝 12g，铁皮石斛 20g。共 7 剂，水煎服。

方药解析：是方以四君子汤为基础方，用以健脾益气。黄芪之用，也在补气。青皮、陈皮为理气之用，一则助脾胃之运化，另则有补气防壅之功用；与之相似的还有砂仁、制香附、绿萼梅等药物。上述诸药，共奏扶正之功。并且，魏老师还以白花蛇舌草、三叶青作为攻邪之用。因为证情偏虚为主，故祛邪药的总体比例较小。此外，海螵蛸、煅瓦楞子、象贝以制酸，因本案记录较简单，由此三药的使用推断，患者当有泛酸之症；蒲公英以清胃热；铁皮石斛以补肺阴。

二诊：2017 年 11 月 18 日。萎缩性胃炎伴肠化生，症情稳定，唯大便偏干不易解，继前意出入。建议慎饮食，注意保暖。

处方：清炙芪 20g，焦白术 15g，茯苓 15g，炒党参 15g，清炙草 4g，当归身 10g，砂仁 8g，制香附 15g，炒白芍 15g，煨升麻 12g，甜苁蓉 15g，绿萼梅 12g，蒲公英 15g，海螵蛸 12g，炒枣仁 15g，煅瓦楞子 25g，象贝 12g。共 14 剂，水煎服。

方药解析：前方服药后，患者泛酸、胃痛等症状均有所缓解，病情趋于稳定，由此可知前方已切中病机。魏老师认为慢性病治疗中，方子对了，便要守住方子，以徐徐收工。况且，此病程较长，虚实夹杂，非一方一药所能竣效。需要在稳定症情的基础上，让患者慢慢得以康复。故此方仍守原方。

不过，因为患者出现大便偏干不易解的情况，故魏老师着重加了当归身及肉苁蓉。一则以柔润通便，二则当归能补血，肉苁蓉能补肾，两者可作扶正之用。

三诊：2018年1月7日。萎缩性胃炎伴肠化生。近感冒后咳嗽，咽红，口干。

处方：柴胡12g，蒲公英20g，北沙参15g，三叶青15g，象贝12g，佛手15g，制香附15g，炒白芍15g，款冬花15g，绿萼梅12g，炒白芍15g，炒陈皮12g，焦白术12g，鱼腥草15g，铁皮石斛20g。共7剂，水煎服。

方药解析：经前几次方药调理后，患者病情趋于稳定。然后，此次意外出现感冒，从症状而言，多有化热之迹象。因为感冒症状已不那么突显，主要表现为咳嗽、咽红等症，故魏老师主要在原方的基础上，去掉了攻邪之白花蛇舌草，加入柴胡以和解少阳，另加鱼腥草以清热利咽。

四诊：2018年1月21日。萎缩性胃炎伴肠化生，有改善，继原意。

处方：软柴胡12g，炒白芍15g，佛手15g，制香附15g，绿萼梅12g，鱼腥草12g，蒲公英20g，三叶青15g，白花蛇舌草20g，川朴15g，炒陈皮12g，北沙参15g，木蝴蝶8g，麦冬20g，铁皮石斛15g。共7剂，水煎服。

方药解析：前方因为感冒的缘故，在方子上做了一定的调整。吃过1周后，感冒症状已经趋于痊愈，唯独有咳嗽残留，并且萎缩性胃炎伴肠化生也有了改善，故魏老师在原方上并无多做修改。只是为巩固病情，再加入白花蛇舌草以攻邪，麦冬助胃阴，木蝴蝶以利咽治咳嗽。

五诊：2018年3月31日。萎缩性胃炎伴肠化生，进药较稳定，继原意出入。

处方：炒潞党15g，焦白术12g，茯苓15g，炒山药15g，炒薏仁20g，麦冬15g，芡实15g，瓜蒌仁15g，北沙参15g，绿萼梅12g，蒲公英20g，三叶青15g，制香附15g，铁皮石斛12g。共7剂，水煎服。

方药解析：魏老师治疗慢性病还有一个特点，便是注重脾胃的保养。此患者已是第五次诊疗，因为前面用了较多的攻邪药，考虑到脾胃耐受的问题，故魏老师此次去掉了白花蛇舌草，以减轻脾胃的负担，让脾胃能得到适当的休息。是方主要以补气健脾为主，方中党参、白术、茯苓、山药、薏苡仁、芡实皆有健脾祛湿益气的功效；加入香附、绿萼梅等理气之品，可以做到补气防壅。麦冬、北沙参及铁皮石斛主要用以养胃阴。瓜蒌仁、蒲公英、三叶青主要用于清胃肠之热，使邪气得不到滋长。

慢性萎缩性胃炎是由多种病因引起的以胃黏膜的慢性炎症和固有腺体萎

缩、常伴有不同类型的胃黏膜上皮和腺体的化生为主要病理特征，以上腹部饱胀、上腹部不适、上腹部疼痛、恶心、嗳气及食欲不振等为主要临床表现的一种慢性胃部疾病。肠化生指胃黏膜固有腺体在病理情况下被肠腺样腺体所替代，当受到刺激时出现杯状细胞和吸收细胞。临床上常常出现慢性胃炎伴肠化生，有明显的癌变倾向，被视为胃癌的癌前病变。

中医古籍中虽没有慢性萎缩性胃炎伴肠化生的病名，然而从其临床症状表现来看，主要属于胃脘痛、痞满、嘈杂、吐酸等范畴。对于其病因病机的看法，古代医家多认为与饮食不节、情志失调、脾胃虚弱、痰瘀互结等因素有关，且多属虚实夹杂之证。

魏老师也认为慢性萎缩性胃炎伴肠化生为虚实夹杂之证，治疗上不能一味地偏攻或偏补，而要攻补兼施，此为大法。

上述五个诊次的方药中，主要体现了魏老师以下几点诊疗的经验：①治慢性病要守方。慢性病之所以成为慢性病，很大原因在于患者在长期的病理反应中，耗伤了太多的正气，从而使机体的自愈能力受到了一定的挫伤。魏老师在慢性病治疗中，一贯强调守方，一则是由慢性病稳定的证型及临床表现决定的；另外，坚持守方能够使患者建立一个较为稳定的治疗环境，有利于患者自我的修复和调整；二者都是有利于病情向积极方向发展的。②攻补兼施。慢性萎缩性胃炎伴肠化生往往存在邪气留恋较深的情况，正气的不足是一种原因，其使邪气不断深入和发展。此时，若仅仅只是扶正，有可能“远水救不了近火”，正气还没能恢复，可能病邪就已经发展迅猛了；有时甚至这种扶正还会滋长邪气的壮大。因此，魏老师在治疗慢性萎缩性胃炎伴肠化生时，往往在扶正的同时，加入攻邪之品。③扶正以健脾为首。正气是什么？魏老师认为主要为气血。而脾胃为后天之本，气血生化之源，因此，魏老师扶正主要以健脾为主，常用党参、白术、炙甘草、山药、茯苓、薏苡仁等药物。④攻邪以清热为要务。邪是什么？尤其在慢性萎缩性胃炎伴肠化生中，魏老师认为，虽然我们无法准确知道这种病邪是什么，但是我们可以从症状表现中诊查病邪的性质，也就是病性，从而为辨证论治服务。此病案中，其病邪主要表现为热性，故魏老师在攻邪药物的选择上，主要以清热之品为主，诸如白花蛇舌草、三叶青等皆是此意。⑤善于变通。因为慢性病的调理往往需要较长的时间，而在这个过程中，会有许多额外的变数。如此患者，前后出现了大便偏干、感冒、咳嗽等变化，面对这些情况，魏老师认为一味地用原来的方子就不再妥当，主张在守方的基础上，适当地进行调整以适应不断发展的病情。

四、治杂症亦尚健脾，伏龙肝巧用止泻

下面，举慢性腹泻一案来说明魏老师如何通过健脾治疗杂症，巧妙运用伏龙肝一药。下例为以伏龙肝为君，配伍他药治愈克罗恩病。

例 周某，女，39岁。农民。余杭县崇贤人。

2年多来长期大便溏泻，时带黏液或血丝，甚则泄下大量黏稠液，肠鸣腹痛时作，形体消瘦乏力，食欲不振。经结肠镜等检查，最后确诊为克罗恩病。这期间经多家医院诊治，长期服用中西药，效果不显。

症见：大便溏泻带大量黏液、肠鸣腹痛、脘腹畏冷，下腹左侧有块形压痛，面色萎黄，脉细弱，苔白腻，舌淡。

处方：伏龙肝（煎汤代水）60g，炒党参12g，焦白术15g，茯苓15g，清炙甘草5g，制附片8g。

服用3个月，不日渐渐向愈。

分析：所用方实为四君子汤加附子。前医曾多次投以四君子汤加附子，效果不显；而魏老师仅加伏龙肝一味，竟获全功，可见伏龙肝功不可没。

由上例可见，对于脾虚久泻不止，伏龙肝有良好的温中涩肠止泻之效。最早运用本品的方剂是《金匮要略》中的黄土汤。其作用是温中止血，用以治虚寒性的便血。后世医家对伏龙肝止血的作用也屡有记载，如《名医别录》中称伏龙肝“治妇人崩中，吐血，止咳逆血”。临床上更有验案记录，如国医大师何任曾以伏龙肝为君药的黄土汤加味治一大便如柏油样的溃疡病人，仅以5剂药便使患者便色转为正常。不仅如此，伏龙肝尚有较好的止呕之功。对于妊娠恶阻及舟车眩晕等呕吐，可单用煎服，或加半夏、生姜，屡经试用，功效确实。伏龙肝，实为久经柴草熏烧的灶底中心的焦黄土，故又称灶心黄土或黄土。古有灶神为伏龙之说，且其色近肝色，故得名。此药味辛性微温，归脾胃经，功能温中止血、止泻止呕。

现代药理研究表明，将伏龙肝粉撒布疮面，能使血管收缩，分泌物减少，具有止血、止泻的作用；伏龙肝还对胃肠的末梢神经有镇静、麻醉作用，能减少对胃肠黏膜的刺激而达到止呕的作用。

近年来农家所用旧式灶日趋减少，该药材来源困难，临床鲜有运用者，报道更为少闻。该药材日益稀少，甚为憾事。后人多采用一些替代用品，如

以红砖 60g 打碎先煎，取得过滤液再煎他药，或有用烧至通红的砖片，投水中淬，反复几日而得其汤，只是近年来红砖的原料多掺入煤渣，而不是早先的高岭土，不可不慎。清代陈修园曾有治验“以赤石脂一斤代黄土取效更捷”，不妨作一参考。

另外，魏老师认为，除了服药，对脾胃病最好的调养还离不开调摄情志，配合饮食，清淡养心，疏达肝脾之气。他经常告诫学生：“胃气一倒，百味难施。”强调门诊时要特别关心病人服药后的胃口和饮食，如此，才能让药物发挥稳定的治疗效果，才能防止脾胃病的复发。

在门诊时魏老师常常叮嘱病人的饮食调理和忌口。如食量每个人以知为度、达到八分饱的效果；食物宜温，不宜吃太烫、太凉的东西，如不吃寒凉的西瓜，不吃性寒的茭白；饮食清淡，忌油腻厚味、辛辣生冷，忌啤酒；对于特殊节气食品，春季少吃春笋，以免“刮”胃（伤胃）；在端午节前后，不能贪食粽子之类的高黏性食品，以免滋腻碍胃。

第二节 疑难杂病诊治经验集萃

魏老师不仅是诊疗脾胃病的大家，同样也是治疗内科杂病的高手。在临床上，难免会碰到一些危重疑难杂病的患者，魏老师常常是灵活辨证，经方时方信手拈来，效如桴鼓，屡起沉疴。我们将魏老师对疑难杂病的治疗经验整理总结如下。

一、流感温热夹湿证，僵蚕蝉蜕建奇功

魏老师曾经对历代名医运用僵蚕、蝉蜕进行了深入的研究，他对僵蚕、蝉蜕这两味药物的最初使用进行了文献追溯，归纳了历代运用的经验和功效特点，并对这两味药作为药对进行了研究，尤其对杨栗山运用僵蚕、蝉蜕治疗温热病进行了归纳，梳理了杨栗山的升降散等近 30 个方剂应用僵蚕、蝉蜕的经验。魏老师结合自己的临床实践，对古人的经验进行了发掘拓展，在应用清热除湿法的方中，加入僵蚕、蝉蜕治疗流感高热，有较好的退热功效。

魏老师曾经诊治 15 例流感高热患者，男 11 例，女 4 例，年龄在 15～48 岁。除 1 例有肾结核史、1 例有慢性肝炎史外，其余 13 例患者的身体均比较壮实。

其中服药 2 剂热退者 4 例，3 剂热退者 6 例，5 剂热退者 5 例。上述患者发热的临床特点主要是热势高、持续时间长，伴有肢节酸楚、口淡不欲饮，且常并发腹痛泻利，白细胞多无明显变化，一般都在 8×10^9/L 左右。按照中医辨证，流感高热多为温热夹湿，属温热病范畴。有的患者，曾服用广谱抗生素、病毒灵（盐酸吗啉胍）及安乃近等西药，效果均不明显，采用中医清热除湿法治疗，效果亦不理想，后服用清热除湿的方加僵蚕、蝉蜕，疗效有了显著提高。

例 1 毛某，男，15 岁。学生。

流感发热 4 天，体温 38.5 ～ 39.8℃，头胀，咽痛，肢节酸痛，口淡，渴而不欲饮，苔薄黄而腻，脉濡数。属温热夹湿之证。曾服过土霉素和安乃近 2 天，汗出后，体温降而复升。经西医门诊，确诊为流感发热，白细胞为 8.5×10^9/L，淋巴细胞偏高。开始以银花、连翘、淡黄芩、秦艽、茵陈等清热除湿的药物治疗，连服 3 剂，体温仍不下降，并出现下腹隐痛时作，大便时有溏泄，后在原方中加用僵蚕、蝉蜕，服药 1 剂后热减，2 剂后体温就退至正常，且没有再波动，诸症亦随之而消。

例 2 杨某，女，48 岁。职员。

初觉形寒后，渐发高热（体温 39.8℃），肢体酸楚不适，额头及腰部胀痛，咽痛，口不渴，苔白，脉濡数而细。有肾结核史。以温热夹湿论治，选用金银花、连翘、淡黄芩、秦艽等药，连服 4 剂，高热仍持续不退，后原方加用僵蚕、蝉蜕、淡竹叶，服 2 剂后高热渐降，服至第 3 剂后，体温完全恢复正常。

例 3 赵某，男，38 岁。干部。

流感高热 2 天，体温最高达 40.5℃。感觉头胀且晕重，遍身酸楚难受，时有微汗出，口渴拒饮，小便黄赤，大便溏泄，日三四行，下腹隐隐作痛，脉数，苔薄黄。选用清热利湿的金银花、连翘、白蒺藜、秦艽、薏苡仁、淡竹叶、僵蚕、蝉蜕等药。连服 2 剂，高热即退，后予健脾和胃药告痊。

例 4 熊某，男，46 岁。干部。

流感高热（体温 39.7℃），下腹隐痛伴有泻利，肌肉感觉酸楚不适，咽痛，鼻流清涕，口淡不渴，脉浮数，苔薄白。原有慢性肝炎病史。患者曾就诊于西医门诊，服用过广谱抗生素及病毒灵等西药，高热仍持续 3 日不降。后服用中药清热除湿剂，连翘、银花、秦艽、白蒺藜、白芷等加僵蚕、蝉蜕，连服 3 剂，高热降至正常，无反复出现。

由此，魏老师总结上述临床经验认为，僵蚕和蝉蜕药对应用于流感高热

病辨证属温热夹湿者是有较好效果的。

二、头痛灵活辨病位，治法多变收显效

头痛既是一种常见病证，也是一个常见症状，慢性病及急性病的发生过程中均可得见，有时亦是某些相关疾病加重或恶化的先兆。

关于头痛的文献记载有很多。较早可溯及殷商时期的甲骨文，其中就有“疾首”的记载。到了《黄帝内经》里，则有“脑风”“首风”等称谓的演变；并且，《素问·五脏生成》中还直接出现了“头痛”的病名，是谓“头痛巅疾，下虚上实”。汉代张仲景《伤寒论》三阳三阴病篇章中也较详细地论述了外感头痛病的辨证论治。之后，隋代巢元方的《诸病源候论》，宋代陈无择的《三因极一病证方论》，金元时期朱丹溪的《丹溪心法》等，均对头痛进行了相关阐述。

总的来说，导致头痛的原因有很多，但不外乎外感与内伤两种。外感以风、寒较为常见；内伤主要与肝、脾、胃、肾有关。关于头痛的治疗，外感以《伤寒论》方的应用最为常见；内伤用药则多尊崇张元素的临证经验，其中以《医学启源》里提到的“头痛须用川芎，如不愈，各加引经药，太阳蔓荆，阳明白芷，少阳柴胡，太阴苍术，少阴细辛，厥阴吴茱萸。巅顶痛，用藁本，去川芎”最广为人知，影响也最大。

魏老师诊治头痛辨证灵活，常根据头痛的不同部位，采取相应的治法方药。如辨治厥阴头痛，肝寒上犯，应暖肝散寒、温经止痛，多采用仲景吴茱萸汤加味；辨治巅顶疼痛，肝肾阴虚、督脉失养、肝阳上扰，应滋阴平肝；辨治前额头痛，痰浊上扰、少阳失和，应祛痰疏风，佐和少阳；辨治偏头痛，血虚动风，应养血祛风。具体验案分述如下。

例1 陆某，男，39岁。工人。

初诊：1978年11月21日。症见：右侧偏头痛，甚则及巅。反复发作已七载，受风遇冷易发，有时伴呕吐，脉弦，苔白腻。拟吴茱萸汤加味。

处方：淡吴茱萸5g，党参12g，炙甘草5g，葛根15g，蝉蜕6g，丹参30g，制半夏10g，徐长卿10g，僵蚕10g，生姜3片，红枣7枚。共10剂，水煎服。

脉症分析：从归经而言，《灵枢·经脉》中有关经络循行的描述，是谓“胆足少阳之脉，起于目锐眦，上抵头角，下耳后……其支者从耳后入耳中，出走耳前，至目锐眦后”；又“三焦手少阳之脉……其支者，从膻中上出缺盆，上项，系耳后直上，出耳上角，以屈下颊至䪼；其支者，从耳后至耳中，出走耳前，过客主人前，交颊，至目锐眦”；又“肝足厥阴之脉，起于大趾丛毛之际……上出额，与督脉会于巅”。本例的脉症中，以上述头痛主要表现为“偏头痛，甚则及巅”的特点，分别与少阳、厥阴经的循行部位有关；且少阳与厥阴互为表里，故本案中或责之一经（厥阴）亦可。

从八纲来看，本案已反复发作七年，时间较久，多属虚证；且受风冷较易发作，多属寒证；总而言之不离于虚寒。《伤寒论》阳明病葛根加半夏汤证中有中寒呕吐一说，故可理解本案中出现的“伴呕吐”的症状，也是受寒所引起。脉弦、苔白腻亦是寒证的表现。

结合上述两点，魏老师认为本案总与厥阴、阳明受寒有关，且是虚证。

方药解析：

（1）基础方。是方以吴茱萸汤为基础方进行化裁。吴茱萸汤来源于《伤寒论》，为温里剂的代表方，现代多理解其具有温中补虚、降逆止呕等功效。实际上，在《伤寒论》中，吴茱萸汤不仅可以治呕吐，还有专门治“头痛”的描述。如《伤寒论·辨阳明病脉证并治》言“食谷欲呕，属阳明也，吴茱萸汤主之”，以及《伤寒论·辨厥阴病脉证并治》言“干呕，吐涎沫，头痛者，吴茱萸汤主之”。此外，吴茱萸还被张仲景用来（配伍其他方药）治疗“久寒”之证，如在当归四逆汤的附属条文中，《伤寒论》谓之“若久寒者，当归四逆加吴茱萸生姜汤”。

（2）方药化裁。是方在吴茱萸汤的基础上，加了炙甘草、葛根、蝉蜕、丹参、制半夏、徐长卿及白僵蚕，各有一番用意。①炙甘草。甘草，《神农本草经》记载“味甘，平，主治五脏六腑寒热邪气，坚筋骨，长肌肉，倍力，金疮肿，解毒”。甘草经过蜜炙后性偏温，且擅长补益，以补患者久病之虚；并且，甘草还能缓和吴茱萸的药性，使其不过于峻猛，以充分适应患者的虚寒体质。②葛根、半夏。葛根、半夏与炙甘草、生姜、大枣等组合，颇有葛根加半夏汤的含义，主要针对受寒所致的“呕吐”。③蝉蜕、白僵蚕、徐长卿。本案以虚寒为主，但发病诱因中亦有“受风”一说。因此，魏老师在用药时也在疏风方面进行了一番斟酌。蝉蜕、白僵蚕、徐长卿三者均有疏风之功，且质地较轻，气味较薄，能较大程度减小胃肠的负担。此外，魏老师还从久病入络方面进行了考虑，故加丹参以活血通络。

复诊：1979 年 2 月 3 日。服药后头痛未作已近 1 个月，虽遇风寒亦感安

适。前法有效，宜原意巩固。

处方：淡吴茱萸3g，炙甘草3g，陈皮3g，茯苓3g，蝉蜕5g，党参10g，地龙10g，制半夏10g，徐长卿10g，生姜3片。共10剂，水煎服。

脉症分析：此次复诊距离初诊时间两月余。从头痛的表现来说，患者已经有了较为明显的改善，魏老师脉案中以“头痛未作已近1个月”作如实描述。不过，考虑到患者原是久病体虚之人，故魏老师以“风寒诱因之下是否发作”来对“是否治愈”进行了确认。从患者的回答中，魏老师作了“虽遇风寒亦感安适”的记载，可以说，已经算是治愈了。

方药解析：出于稳妥的考虑，魏老师综合各方面情况，还是予以了10剂中药予以巩固疗效。是方主要在前方的基础上，易丹参、葛根、红枣、白僵蚕为地龙、陈皮、茯苓。用意如下：久虚之人，脾胃功能也会受到影响。初诊方中丹参味苦性寒，容易碍脾，故以地龙替换，通络之功犹在，但是碍脾之弊已减少很多。加入陈皮、茯苓的目的也在于健脾养胃。此外，魏老师以无相关症状而去掉相应的用药，如无“呕吐”而去掉葛根等。

随访：诸症未再复发，告愈。

例2 陈某，女，41岁。教师。

初诊：1979年5月24日。巅顶疼痛如重压已1年有余，有时延及前额及眉棱，近有眩晕，夜寐不宁，脉细而弦，舌光红无苔。辨证为肝肾阴虚，督脉失养，肝阳上扰，先拟滋阴平肝。

处方：生地12g，熟地12g，怀山药12g，肉苁蓉12g，钩藤12g，决明子12g，泽泻15g，丹皮15g，茯苓15g，鹿角片15g。共7剂，水煎服。

脉症分析：从归经而言，患者头痛部位主要在于巅顶，有时延及前额及眉棱，此即与肝经有一定的关系。《灵枢·经脉》言：“肝足厥阴之脉，起于大趾丛毛之际……上出额，与督脉会于巅。”当肝阴不足时，肝阳则易亢而上冲，故表现为眩晕及巅顶疼痛如重压。且病程已有1年余，子病及母，故肝阴亏久连及肾阴也不足；夜寐不宁，脉细而弦，舌光红无苔等亦是肝肾阴虚的表现，并有化热的迹象。因此，魏老师诊断此巅顶疼痛为肝肾阴虚之证，并拟滋阴平肝之方以应对之。

方药解析：

（1）基础方。是方主要以六味地黄丸为基本方。六味地黄丸最早出现在宋代钱乙的《小儿药证直诀》中，主要由《金匮要略》的肾气丸化裁而来。原名地黄丸，《小儿药证直诀》原文有言：“儿本虚怯，由胎气不成，则神不足。目中白睛多，其颅即解，面色白。此皆难养，纵长不过八八之数。若恣色欲多，不及四旬而亡。或有因病而致肾虚者，非也。又肾气不足，则下窜，盖骨重惟欲坠于下而缩身也。肾水，阴也，肾虚则畏明，皆宜补肾，地黄丸主之。”盖六味地黄丸重在补阴，尤其是肾阴；从乙癸同源的角度而言，亦对肝阴有滋补的作用；故魏老师以此为基础方。

此外，魏老师在剂量上也做了一定的调整。六味地黄丸原有“三补三泻”之说，“三补”主要为地黄、山药、山茱萸；“三泻”主要为泽泻、丹皮、茯苓。原方中地黄、山药、山茱萸、泽泻、丹皮、茯苓的比例为8∶4∶4∶3∶3∶3。若按1倍数为3g剂量来算，六味药的剂量应分别是地黄24g、山药12g、山茱萸12g、泽泻9g、丹皮9g、茯苓9g。对比魏老师用药剂量可以发现，“三补”的剂量均与此吻合，唯独“三泻”中每味药的剂量均增加了6g，即换成了1倍数为5g剂量应用。可以说，魏老师此举意在提高“泻”的功效。究其原因，可能与病性趋势有关。本病为肝肾阴不足而阳亢于上，病势在气机向上；而“三泻”有泻浊向下的功效，故增加它们的剂量以纠正病势的偏向。此外，“三泻”中泽泻对眩晕具有一定的治疗效果，《金匮要略》有泽泻汤，专为“心下有支饮，其人苦冒眩”而设；魏老师加大泽泻的剂量，也带有取其治头晕眩的考虑。

（2）方药化裁。是方在六味地黄丸的基础上加肉苁蓉、钩藤、决明子及鹿角片，各有一番用意。①肉苁蓉、鹿角片。肉苁蓉为植物药，《神农本草经》记载：“味甘，微温。主五劳七伤，补中，除茎中寒热痛，养五脏，强阴，益精气，多子，妇人癥瘕。久服轻身。”在补阴的同时兼具补阳的作用。鹿角片（鹿茸）为动物药，亦属于血肉有情之品，《神农本草经》记载：“味甘，温。主漏下恶血，寒热，惊痫，益气，强志，生齿，不老。”在补阳的同时兼具有补阴的作用。可以说，肉苁蓉及鹿茸是阴阳双补的要药。思考魏老师不直接补阴，而采取阴阳双补的方式可能有这么几种原因：基础方中已有地黄等大剂量的补阴之品，若再加补阴药则可能有碍脾之弊；另则，方药配伍讲究阴阳配合，如张锡纯的镇肝息风汤，在大剂量重镇药中加入茵陈、麦芽等轻宣之品，反而使得潜阳的功效得以更大地发挥，此即是阴阳配伍用药的一种妙处；魏老师方药配伍经验中也体现了这种阴阳配伍的方式，在补阴的同时佐以补阳之品，此举亦颇有张景岳左归丸“善补阴者必于阳中求阴”之妙用。②钩藤、决明子。患者的临床表现中，已有肝阳化热扰神之象，如夜寐不宁，舌光红无苔亦主热象。钩藤、决明子二药专为清肝之热邪，故此加之。

合而言之，此患者表现为肝肾阴虚，并有轻微化热迹象。魏老师以补阴之六味丸为基础方，佐以肉苁蓉、鹿角片加大补阴的力量；因有轻微化热迹象，故另加钩藤、决明子以清肝之热。诸药共奏滋阴平肝之功。

复诊：1979 年 6 月 8 日。服药后精神大振，偶有巅顶作痛，眩晕已愈，纳食有增，前方既效，再拟原意出入。

处方：大熟地 20g，潼蒺藜 10g，泽泻 10g，茯苓 10g，牡丹皮 10g，山萸肉 12g，山药 12g，甜苁蓉 12g，决明子 12g，鹿角片 15g，生牡蛎（先煎）15g。共 10 剂，水煎服。

脉症分析：此次复诊距离初诊时间半月余。从头痛的表现来说，患者已经有了较为明显的改善，魏老师脉案中以“偶有巅顶作痛”作如实描述。并且，初诊头痛的兼症中“眩晕”也得到了治愈。可以说，诸症皆向治愈的方向发展。不仅如此，患者的胃口也比之前增加了不少，此即是意外之收获，也是在情理之中。魏老师治病，一向注重患者脾胃功能的改善。初诊中，虽无明显提到患者的胃口情况，然而魏老师在处方中已经做了全面的考虑。是谓阴虚较重之人，脾胃功能也受到了很大的影响，严重者可出现消谷善饥、嘈杂，甚至还有饥而不欲食的情况。本案中患者消化功能虽然尚可，但也受到阴虚的一定影响。在魏老师用大量补阴药之后，不仅阴虚得到了改善，因阴虚导致脾胃运化不佳的情况也有了明显的好转，故出现“纳食有增”的记录。此外，“精神大振”也说明了患者的病情都在向好的方向发展。

方药解析：诸多情况显示前方的补阴思路是对的，用药也切中了病机。不过，考虑到患者还有“偶有巅顶作痛”的表现，故魏老师在守方的基础上还做了一些变更。主要有以下几点：①剂量上的调整。前方中我们已经提到，魏老师用“三泻”的目的一则引气机下行，二则专治眩晕；两者均与治眩晕有关。本方较初诊方而言，魏老师主要减小了“三泻”的用量。其原因可能便与此诊中“眩晕已愈”有关，故魏老师减少这些药的用量。②去钩藤，入潼蒺藜、生牡蛎。此举主要是“偶有巅顶作痛”方面的考虑。诸症皆愈，唯独巅顶作痛还有残留，是什么原因呢？魏老师主要从两方面进行了考虑：一则可能久病入络，有血瘀的情况；二则尚有“肝阳上亢”的因素存在。针对上述两种考虑，魏老师分别加入了蒺藜子与生牡蛎。潼蒺藜，《神农本草经》记载：“味苦，温。主恶血，破癥结积聚。”不仅能清肝，还能破癥结积聚，此即可针对“血瘀”。生牡蛎则是潜阳之用，针对尚有“肝阳上亢”的因素。去钩藤则是因为已有清肝之品，故不重复；一则保持整体用药的协调，另则亦可以减少患者的经济负担。

三诊：1979 年 6 月 23 日。头痛消失，连续讲课及劳累亦无复发，效不更方，原方出入善后。

处方：熟地 20g，山萸肉 10g，泽泻 10g，丹皮 10g，枸杞子 10g，茯苓 10g，甜苁蓉 12g，怀山药 12g，鹿角片 15g。共 7 剂，水煎服。

脉症分析：相比二诊时的“偶有巅顶作痛”，三诊时已是“头痛消失”；并且，在劳累之后仍不复发，可知病情已较稳定，体质方面也得到了改善。不过，考虑到患者原是久病体虚之人。出于稳妥考虑，魏老师综合各方面情况，还是予 7 剂中药以巩固疗效。

方药解析：是方主要在前方的基础上，去掉了清肝潜阳之品，并加入枸杞以助原方补肝肾之功，力求巩固疗效的同时增强患者的体质。

随访：诸症未再复发，告愈。

例 3 李某，女，36 岁。职工。

初诊：1979 年 5 月 6 日。症见前额疼痛及耳后，已延半年余，甚则呕恶，时感形寒，喉间痰多，夜寐不安，昼则恍惚，舌苔白腻，脉弦滑而细。治宜祛痰疏风，佐和少阳。

处方：制半夏 15g，茯苓 15g，胆南星 12g，制僵蚕 12g，川芎 10g，柴胡 10g，川藁本 10g，白蒺藜 10g，淡黄芩 6g，陈皮 6g，石菖蒲 6g，蝉蜕 6g。共 7 剂，水煎服。

脉症分析：《灵枢·经脉》中有言：“胆足少阳之脉，起于目锐眦，上抵头角，下耳后……其支者从耳后入耳中，出走耳前，至目锐眦后”；又“三焦手少阳之脉……其支者，从膻中上出缺盆，上项，系耳后直上，出耳上角，以屈下颊至䪼；其支者，从耳后至耳中，出走耳前，过客主人前，交颊，至目锐眦”。从归经的角度而言，患者头痛部位主要在前额，有时延及耳后，此即与少阳经有一定的关系。并且，综合脉症等方面的认识，魏老师认为此头痛的主要病因在于少阳中风。

此外，“痰浊内扰”也是此病的一个主要病因。患者痰湿较重，不仅表现在喉间有痰，亦有呕恶，此即是痰所引起的。痰阻气机，卫阳无法正常宣布，故可见时感形寒；痰还能扰心神，故出现夜寐不安，昼则恍惚；舌苔白腻及脉象上的弦滑均提示了痰邪的存在。

综合脉症而言，魏老师总以本案属痰浊上扰、少阳失和；治疗上以祛痰疏风、佐和少阳为主。

方药解析：

（1）治痰。张仲景《金匮要略》有小半夏加茯苓汤，主治“卒呕吐，心下痞，膈间有水，眩悸者”，方主要由半夏、生姜、茯苓组成。魏老师方中首写制半夏、茯苓，亦是取其治痰止呕之功；二物再加陈皮，则又是二陈汤之意，与前者功用相仿。胆南星亦有治痰之功，魏老师常与半夏合用以增强治痰的力量。

（2）引入少阳。张仲景将小柴胡汤列入少阳病之主方，此是后世医家以柴胡、黄芩作为少阳引经药的主要理论来源。本案中患者病变部位在少阳经的循行路线，故魏老师也用柴胡、黄芩，意在将诸药引入少阳经，以发挥更大的疗效。

（3）治风除头痛。川芎，《神农本草经》载其“味辛，温。主中风入脑，头痛，寒痹，筋挛，缓急”，被奉为少阳之头痛要药。川藁本，《神农本草经》载其“味辛，温。主妇人疝瘕，阴中寒肿痛，腹中急，除风头痛”。白蒺藜，陶弘景《本草经集注》载其主“身体风痒，头痛”。石菖蒲，《神农本草经》载其“味辛、温。主风寒湿痹”。由上可知，川芎、川藁本、白蒺藜、石菖蒲专为治风而设，且前三者皆有明言治头痛的功用。此外，魏老师还使用了白僵蚕及蝉蜕，其主要原理也在于治风。

总而言之，诸药中以治风药专治头痛之症，以治痰调患者痰湿体质，更以柴、芩引诸药于少阳之经，共同发挥祛痰疏风、佐和少阳的作用。

二诊：1979 年 5 月 13 日。患者服药后前额痛、恶心已减轻，痰渐少，夜寐不宁，唯感口苦，咽干，脉弦，苔白腻。再进前法。

处方：软柴胡 10g，北沙参 10g，川芎 6g，淡黄芩 6g，党参 9g，制半夏 9g，胆南星 9g，焦山栀 12g，茯苓 12g，清炙草 5g，陈皮 5g。共 7 剂，水煎服。

脉症分析：患者在初诊 7 剂药服完之后，前来复诊。从头痛的表现来说，患者已经有了较为明显的改善，魏老师脉案中以“服药后前额痛、恶心已减轻，痰渐少”作如实描述；除了头痛缓解外，痰饮也去掉了不少。由上述可见，初诊方中的治痰、治风除头痛等药物均切中病因病机，也发挥了一定的作用。但仍有夜寐不宁，唯感口苦，咽干，脉弦，苔白腻等症状，可见痰湿及少阳不和之证仍需进一步缓解。

方药解析：柴胡、北沙参、黄芩、党参、半夏、炙甘草主要取小柴胡汤之意，专治少阳不和诸症。半夏、南星、茯苓、陈皮、炙甘草乃取二陈汤之意，主要针对痰湿而设。川芎为治头痛要药，且专入少阳，故用之。又考虑到患者夜寐不宁，恐有热邪扰心，故魏老师还加栀子以清心之火。

三诊：1979年5月20日。患者头痛已愈，喉间痰亦大减，唯感耳鸣乏力，脉转细弱，舌苔已净。当以培土荣木为善后。

处方：炒党参10g，生黄芪10g，全当归10g，生白芍10g，枸杞子10g，炒白术8g，生牡蛎（先煎）20g，葛根12g，甜苁蓉12g，柴胡9g，陈皮5g。共7剂，水煎服。

脉症分析：从患者的“头痛已愈，喉间痰亦大减”中，可知前方已经对症。再看脉象已转细弱，舌苔已净，可知痰湿及少阳不和之证已解。唯独还有耳鸣乏力，此即是由虚所引起的，脉细弱也是气血虚弱的表现。

方药解析：是方以补养气血之品为主，补气有党参、黄芪，养血有全当归、白芍；并以白术、陈皮健脾益气；以枸杞、肉苁蓉补肾益精；葛根、柴胡以生发清阳之气，专治耳鸣。

随访：头痛再未复发，诸症缓解告愈。

例4 徐某，女，33岁。工人。

初诊：1978年12月6日。右侧头痛近半年，甚则抽掣连及肩背，夜寐不安，畏冷，舌淡少苔，脉细弱。拟养血祛风为主。

处方：全当归12g，粉葛根12g，地龙12g，川芎10g，蔓荆子10g，菊花10g，白芷8g。共10剂，水煎服。

脉症分析：患者右侧头痛近半年，伴有疼痛抽搐，魏老师认为主要由血虚受风引起。人卧则血归于肝，肝藏魂，今血不足，则肝藏魂的功能受到一定的影响，故夜寐不安。人之所有者，气与血也，气血不但有濡养的功能，还有温煦的作用，尤其表现在卫气上更是如此；又气血相互化生，故气血不足，表现为畏冷，受风亦能导致恶风怕冷。舌淡少苔，脉细弱等均是血不足的表现。

方药解析：魏老师以全当归补血为主，再根据不同病症表现进行加减用药。患者疼痛表现为“甚则抽掣连及肩背”，涉及了太阳膀胱经的循行部位，而葛根专入太阳且善解表，故用之。此外，患者疼痛部位还涉及少阳经循行部位，故魏老师还用川芎、蔓荆子，以二药善治少阳头痛故也。地龙之用，乃是因为头痛时间较长，久病入络，故入地龙以通络。并且，患者还有受风的表现，风邪于内，故魏老师再加菊花、白芷以疏风。诸药共奏养血祛风之功。

复诊：1978年12月20日。头痛已止，夜寐亦安，畏冷仍有，舌少苔，脉细弱。拟温养气血调营卫。

处方：炙桂枝6g，白芍10g，全当归10g，川芎10g，党参10g，焦白术10g，炙甘草3g，生姜3片，红枣6枚。共7剂，水煎服。

脉症分析：用前方之后，患者头痛已止，夜寐亦安，可知养血祛风之法已然奏效。但患者仍有畏冷的表现，且舌少苔，脉细弱，盖与患者久虚之体质有关。“有形之血不能速生”，补血当以健养脾胃为主；脾胃运化功能好转，则血虚之症自然得解。因此魏老师继以调养之品以巩固疗效，并改善体质。

方药解析：

（1）基础方。是方以桂枝汤为基础方。桂枝汤为张仲景的《伤寒论》第一方，原主治太阳受风之症。方中桂枝辛、甘、温，不仅能祛风，《神农本草经》还载其具有补中的功效；芍药能通利水谷，助脾胃运化；生姜、红枣、炙甘草皆为生津、助养脾胃之品。

（2）加减用药。全当归配伍川芎以疏风、补血；党参、白术为健运脾胃之用。

总之，魏老师以桂枝汤为基础方，并加补血健脾等药，在祛风的同时也照顾了患者脾胃虚弱的体质。

随访：诸症缓解，告愈。

三、妇科病脾肾为要，兼活络以通坤道

以下是我们收集到的魏老师对同一个病人，在不同年龄段，对其经、带、更年期不同阶段的调理方法的处方诊治资料，完整体现了魏老师在诊治妇科杂病重视滋补脾肾，兼用活血通络以助行经的特点。

1. 带下病

带下病是指带下的量明显增多，色、质、气味发生异常，或伴全身、局部症状者，又称“下白物”“流秽物”。相当于西医学的阴道炎、子宫颈炎、盆腔炎、妇科肿瘤等疾病引起的带下增多。

“带下”之名，首见于《黄帝内经》，而“带下病”之名，首见于《诸病源候论》。带下有广义、狭义之分，广义带下泛指妇产科疾病而言，由于这些疾病都发生在带脉之下，故称为“带下”。如《金匮要略心典》说：“带下者，带脉之下，古人列经脉为病，凡三十六种，皆谓之带下病，非今人所谓赤白带下也。”狭义带下包括生理性带下和病理性带下。生理性带下是指正常女子自青春期开始，阴道分泌一种润泽于阴道内的无色透明、黏而不稠、

无特殊气味的液体，该液体在经期前后、月经中期及妊娠期量相对增多，这是机体肾气充盛，脾气健运，任脉通调，带脉健固的正常表现。由于多数女性的带下略呈白色，故俗称“白带”。如《沈氏女科辑要》引王孟英说：“带下，女子生而即有，津津常润，本非病也。”若带下的量、色、质、气味异常，即为病理性带下，简称为带下病。正如《女科证治》：“若外感六淫，内伤七情，酝酿成病，致带脉纵弛，不能约束诸脉经，于是阴中有物，淋漓下降，绵绵不断，即所谓带下也。”在《诸病源候论》中还有五色带下的记载，有青、赤、黄、白、黑五色名候，指出五脏俱虚损者，为五色带俱下。临床上以白带、黄带、赤白带为常见。

带下病多是湿邪为患，如《傅青主女科》说：“夫带下俱是湿证。”故其病缠绵，反复发作，不易速愈，而且常并发月经不调、闭经、不孕、癥瘕等疾病，是妇科领域中仅次于月经病的常见病，应予重视。湿有内外之别：外湿指外感之湿邪，如经期涉水淋雨，感受寒湿，或产后胞脉空虚，摄生不洁，湿毒邪气乘虚内侵胞宫，以致任脉损伤，带脉失约，引起带下病。内湿的产生与脏腑气血功能失调有密切的关系：脾虚运化失职，水湿内停，下注任带；肾阳不足，气化失常，水湿内停，又关门不固，精液下滑；素体阴虚，感受湿热之邪，伤及任带。《妇人大全良方》中指出：“人有带脉，横于腰间，如束带之状，病生于此，故名为带。”临床常见分型有脾阳虚、肾阳虚、阴虚夹湿、湿热下注、湿毒蕴结五种。

魏老师认为带下病的治疗原则以健脾、升阳、除湿为主，辅以疏肝固肾；但是湿浊可以从阳化热而成湿热，也可以从阴化寒而成寒湿，所以要佐以清热除湿、清热解毒、散寒除湿等法。

带下病案

初诊：2012 年 4 月 1 日。症见白带偏多，色略黄浊，下腹部偶有隐痛。

处方：红藤 12g，地丁草 15g，苦参 6g，土茯苓 15g，黄芩 6g，清炙草 6g，苍术 10g，白术 10g，生薏苡仁 15g，瓜蒌仁 15g，忍冬藤 15g。共 5 剂，水煎服。

脉症分析：带下病系湿邪为患，而脾肾功能失常又是发病的内在条件；病位主要在前阴、胞宫；任脉损伤，带脉失约是带下病的核心机理。症见白带偏多，色略黄浊，说明湿热蕴积于下，损伤任带二脉；湿热蕴结，瘀阻胞脉，则小腹或少腹作痛；湿热伤津，可见小便短赤，或见舌红，苔黄腻，脉濡数，皆为湿热之证。

方药解析：方中地丁草、苦参、土茯苓、黄芩清热泻火解毒；红藤、忍冬藤凉血化瘀，合苍术、白术健脾化湿；生薏苡仁、瓜蒌仁淡渗利湿，诸药合用，使热去湿化，则带自止。

2. 月经不调

月经不调也称月经失调，是妇科常见疾病，表现为月经周期或出血量的异常，可伴月经前、经期时的腹痛及全身症状。

月经经期或前或后 1 ～ 2 周者，称为“月经先后无定期”，又称“经水先后无定期”“月经愆期”“经乱”。本病相当于西医学排卵型功能失调性子宫出血病的月经不规则。青春期初潮后 1 年内及更年期月经先后无定期者，如无其他证候，可不予治疗。月经先后无定期若伴有经量增多及经期紊乱，常可发展为崩漏。

本病发病的主要机理是冲任气血不调，血海蓄溢失常。其分型有肾虚、脾虚和肝郁。如年少肾气未充，更年期肾气渐衰，或素体肾气不足，房劳多产，久病大病，损伤肾气，肾气不充，开阖不利，冲任失调，血海蓄溢失常，遂致经行先后无定期。譬如素体脾虚，饮食失节，或思虑过度，损伤脾气，脾虚统摄无权及生化不足，冲任气血失调，血海蓄溢失常，亦致经行先后无定期。譬如素性抑郁，或愤怒过度，肝气逆乱，气乱血乱，冲任失司，血海蓄溢失常，同样可致月经先后无定期。

月经不调案

初诊：2012 年 8 月 25 日。症见经行紊乱，腰酸楚，夜尿频多。脉细偏沉，舌苔薄少。

处方：生黄芪 20g，炒白术 15g，山药 20g，炒杜仲 15g，煨川断 12g，山萸肉 10g，枸杞子 12g，覆盆子 12g，益智仁 12g，紫丹参 15g，当归 10g，大生地 15g，白茅根 20g。共 7 剂，水煎服。另配六味地黄丸 1 瓶，分服。

脉症分析：从脏腑辨证来看，腰为肾之外府，肾主骨，肾虚则腰酸腿软。舌苔薄少，脉沉细，为肾虚之证。治疗时以补肾益气、养血调经为主。肾虚封藏失职，开阖不利，冲任失调，血海蓄溢失常，故月经不调。

方药解析：方取补肾益气、养血调经的大补元煎之意进行加减。方中黄芪、山药、白术兼补脾肾之气；杜仲、川断补肾气以固命门；山茱萸、枸杞子、覆盆子补肾填精而生血；当归、熟地养血益阴；稍佐白茅根以凉血清热。全方共奏补肾益气、养血调经、寒热平调之效。另配六味地黄丸滋阴补肾。

3. 淋证

淋证是指因饮食劳倦、湿热侵袭而致的以肾虚、膀胱湿热、气化失司为主要病机，出现小便频急、滴沥不尽、尿道涩痛、小腹拘急、痛引腰腹等为主要临床表现的一类病证。淋证为临床常见病，中医药治疗类属淋证的尿路结石和肾盂肾炎均有较好的疗效。

淋之名称，始见于《黄帝内经》，《素问·六元正纪大论》称为“淋闷”，并有“甚则淋”“其病淋”等的记载。《金匮要略·五脏风寒积聚病脉证并治》称“淋秘”，该篇并指出淋秘为“热在下焦”。《金匮要略·消渴小便不利淋病脉证并治》描述了淋证的症状：“淋之为病，小便如粟状，小腹弦急，痛引脐中。”隋代《诸病源候论·淋病诸候》对本病的病机作了详细的论述，并将本病的病位及发病机理作了高度明确的概括：“诸淋者，由肾虚而膀胱热故也。”巢氏这种以肾虚为本，以膀胱热为标的病机理论，已为后世所宗。金元时期《丹溪心法·淋》强调淋证主要由热邪所致：“淋有五，皆属乎热。”明代《景岳全书·淋浊》在认同“淋之初病，则无不由乎热剧”的同时，提出“久服寒凉”“淋久不止”有“中气下陷和命门不固之证”，并提出治疗时“凡热者宜清，涩者宜利，下陷者宜升提，虚者宜补，阳气不固者温补命门”，对淋证病因病机的认识更为全面，治疗方法也较为完善。历代医家对淋证的分类进行了探索，《中藏经》首先将淋证分为冷、热、气、劳、膏、砂、虚、实八种，为淋证临床分类的雏形。《诸病源候论·淋病诸候》把淋证分为石、劳、气、血、膏、寒、热七种，而以“诸淋”统之。《备急千金要方·淋闭》提出“五淋”之名，《外台秘要·淋并大小便难病》具体指出五淋的内容：“《集验》论五淋者，石淋、气淋、膏淋、劳淋、热淋也。”现代临床仍沿用五淋之名，但有以气淋、血淋、膏淋、石淋、劳淋为五淋者，亦有以热淋、石淋、血淋、膏淋、劳淋为五淋者。

如膀胱湿热多食辛热肥甘之品，或嗜酒过度，酿成湿热，下注膀胱，或下阴不洁，湿热秽浊毒邪侵入膀胱，酿成湿热，或肝胆湿热下注皆可使湿热蕴结下焦，膀胱气化不利，发为热淋；若灼伤脉络，迫血妄行，血随尿出，则发为血淋；若湿热久蕴，煎熬尿液，日积月累，结成砂石，则发为石淋；若湿热蕴结，膀胱气化不利，不能分清别浊，脂液随小便而出，则发为膏淋。如肝郁气滞恼怒伤肝，肝失疏泄，或气滞不行，郁于下焦，致肝气郁结，膀胱气化不利，发为气淋。如脾肾亏虚久淋不愈，湿热耗伤正气，或劳累过度，房事不节，或年老，久病，体弱，皆可致脾肾亏虚。脾虚而中气不足，气虚

下陷，则发为气淋；若肾虚而下元不固，肾失固摄，不能制约脂液，脂液下注，随尿而出，则发为膏淋；若肾虚而阴虚火旺，火热灼伤脉络，血随尿出，则发为血淋；病久伤正，遇劳即发者，则为劳淋。

“诸淋者，由肾虚而膀胱热故也”。淋证的病位在肾与膀胱，且与肝脾有关。其病机主要是肾虚，膀胱湿热，气化失司。淋证有虚有实，初病多实，久病多虚，初病体弱及久病患者，亦可虚实并见。实证多在膀胱和肝，虚证多在肾和脾。

淋证案

初诊：2013 年 7 月 4 日。症见近期尿频数，腰酸楚，困倦乏力，尿检有少许红、白细胞。

处方：生白术 15g，大生地 15g，煨川断 12g，猪苓 15g，茯苓 15g，半枝莲 20g，麦冬 15g，山药 20g，当归 9g，地骨皮 20g，防风 9g，生黄芪 20g，旱莲草 15g，丹参 15g，葛根 15g，炒杜仲 9g。共 7 剂，水煎服。

脉症分析：从五淋来看，当属热淋。从八纲来看，病人症见困倦乏力，多属气虚证。尿频数，腰酸楚，说明肾气不固。肾与膀胱相表里，肾气的盛衰，直接影响膀胱的气化与开合。淋证日久不愈，热伤阴，湿伤阳，易致肾虚；肾虚日久，湿热秽浊邪毒容易侵入膀胱，引起淋证的反复发作。

从虚实辨，初起或急性发作，因膀胱湿热、砂石结聚、气滞不利所致，尿路疼痛较甚者，多为实证；淋久不愈，尿路疼痛轻微，见有肾气不足，脾气虚弱之证，遇劳即发者，多属虚证。所以当属脾肾两虚的热淋后期。

方药解析：方中白术、猪苓、茯苓取四苓汤之意，弃泽泻因其太过利水伤阴，肾阴已虚，故用生地、旱莲草、川断、杜仲以补肾，防风、黄芪配白术以益气固表。久虚伤及络脉尿中出现红细胞，丹参活血祛瘀，又有旱莲草既凉血止血又能补肾阴。

4. 绝经前后诸证

妇女在绝经前后出现烘热面赤，进而汗出，精神倦怠，烦躁易怒，头晕目眩，耳鸣心悸，失眠健忘，腰背酸痛，手足心热，或伴有月经紊乱等与绝经有关的症状，称经断前后诸证，又称经绝前后诸证。这些证候常参差出现，发作次数和时间无规律性，病程长短不一，短者数月，长者可迁延数年以至十数年不等。本病相当于西医学的更年期综合征，双侧卵巢切除或放射治疗后双侧卵巢功能衰竭者，也可出现更年期综合征的表现。

本病的发生与绝经前后的生理特点有密切关系。妇女 49 岁前后，肾气由盛渐衰，天癸由少渐至衰竭，冲任二脉气血也随之而衰少，在此生理转折时期，受内外环境的影响，如素体阴阳有所偏盛偏衰，素性抑郁，宿有痼疾，或家庭、社会等环境改变，易导致肾阴阳失调而发病。“肾为先天之本”，又“五脏相移，穷必及肾”，故肾阴阳失调，每易波及其他脏腑，而其他脏腑病变，久则必然累及于肾，故本病之本在肾，常累及心、肝、脾等多脏，致使本病证候复杂。常见的分型有肾阴虚和肾阳虚。

如肾阴虚者，乃因素体阴虚血少，经断前后，天癸渐竭，精血衰少，复加忧思失眠，营阴暗损，或房事不节，精血耗伤，或失血大病，阴血耗伤，肾阴更虚，脏腑失养，遂致经断前后诸证发生。如肾阳虚者，乃因素体虚弱，肾阳虚衰，经断前后，肾气更虚，复加大惊猝恐，或房事不节，损伤肾气，命门火衰，脏腑失煦，遂致经断前后诸证发生。

绝经前后诸证案

初诊：2015 年 8 月 8 日。天癸落后，心烦易躁，脉细弦。拟滋养肝肾佐疏达为法。

处方：熟地 15g，菟丝子 12g，枸杞子 12g，甜苁蓉 12g，炒白芍 12g，当归 8g，制首乌 12g，小青皮 12g，制香附 12g，银柴胡 8g，佛手 12g，清炙黄芪 15g，玫瑰花 6g，绿萼梅 6g。共 7 剂，水煎服。

脉症分析：经断前后，天癸渐竭，肾阴不足，精血衰少。从脏腑辨证来看，天癸落后，阴精不足，血海不充，冲任失养，肝肾阴虚。若肾水不足，不能上济心火，则见心烦。肾阴亏虚，水不涵木致肝肾阴虚者，肝失所养故见肝气郁结，脉象弦细。

方药解析：方用熟地、菟丝子、枸杞子、甜苁蓉以补肾之阴阳，白芍、当归、制首乌同补肝肾之阴，滋水涵木，以青皮、香附、佛手、玫瑰花、绿萼梅行肝气，疏肝解郁。

二诊：2015 年 9 月 1 日。进前方后烦躁大减，夜寐改善，唯血压偏低，脉偏疾。

处方：清炙黄芪 20g，焦白术 15g，薤白 12g，当归 8g，葛根 15g，紫丹参 15g，熟地 15g，清炙甘草 6g，制香附 12g，炒白芍 12g，菟丝子 15g，炒枳壳 15g，全瓜蒌 12g，炒陈皮 12g。共 7 剂，水煎服。另配归脾丸两瓶。

脉症分析：烦躁大减，夜寐改善，说明前方滋补肝肾效果显著。脉象偏疾，血压偏低，可见病人气虚症状明显，血为气之母，气为血之帅，临床上兼顾补气养血。

方药解析：是方在前方基础上增加黄芪的量至 20g，加白术、陈皮以健脾运湿，薤白、瓜蒌以通阳散结，行气祛痰，丹参活血化瘀。另配归脾丸以益气补血，健脾养心。可见该患者原有肝肾阴虚为本，肝气郁结化火为标，在标本同治滋水涵木之后，脾虚湿滞之象渐显。故在滋补肝肾的基础上，需益气健脾，行气通阳。

三诊：2016年7月12日。天癸已行，近或头晕作胀，寐劣神倦，脉偏沉弱，苔薄少。

处方：清炙黄芪15g，焦白术12g，菟丝子12g，蔓荆子10g，甘菊10g，决明子15g，熟地15g，炒白芍12g，川藁本10g，苏梗12g，青蒿梗12g，制香附12g，当归9g。共7剂，水煎服。

脉症分析：此诊离上次已逾10个月，再诊时天癸已行，说明上次调养后经行较前正常。但精气过半，精血不足，血的濡养功能减弱，素体脾虚湿滞，而此次气虚加重，故见脉象沉弱，气虚清阳不升不能上养头目，脑失充养，故见头晕作胀。气血亏虚，阴阳不调，故见寐劣神倦。

方药解析：仍以黄芪、白术补脾益气，熟地、白芍、当归、菟丝子滋肝肾之阴血；气血充盛后，蔓荆子、甘菊、决明子、藁本皆可清利头目，且引药上行至头目及巅顶。

四诊：2017年11月21日。肾虚冲任失调，天癸不行，脉细弱，苔薄少。

处方：清炙黄芪20g，炒潞党参15g，焦白术15g，当归12g，制香附15g，大熟地15g，菟丝子15g，甜苁蓉15g，巴戟12g，红花6g，制川芎9g，柴胡12g，炒白芍12g，桂枝5g，清炙草5g。共7剂，水煎服。

脉症分析：此诊又隔1年余。肾虚冲任失调，天癸不行，仍以补脾益肾为主，兼以调肝气，活血调冲任。

方药解析：方用黄芪、党参、白术以补脾益气，熟地、当归、菟丝子、甜苁蓉、巴戟以平补肾之阴阳，熟地、白芍、当归、川芎以养肝体之阴，柴胡、香附以疏肝行气，调达肝用，共奏补脾益肾、调肝活血之意。

五诊：2018年4月20日。肾虚冲任失调，盗汗卫表不固，时有寐劣易躁，天癸错落，脉偏弦细，舌质偏红。固以滋肾疏肝佐调冲任为法。

处方：熟地15g，当归10g，炒白芍15g，制香附15g，郁金12g，紫丹参15g，红藤15g，银柴胡12g，地骨皮15g，浮小麦15g，穞豆衣15g，碧桃干15g，菟丝子15g，炒枳壳15g。共7剂，水煎服。

脉症分析：此诊又隔半年余。从八纲辨证来看，症见盗汗，寐劣易躁，脉偏弦细，乃阴虚阳亢，虚热内生所致，舌质偏红，也可见病人阴虚内热。

肝肾两虚，阴阳不调，故见肾虚冲任失调，天癸错落，卫表不固。此次以阴虚内热为主。

方药解析：方用熟地、白芍、当归以滋肝肾之阴，香附、郁金、枳壳以疏肝行气，佐以丹参、红藤活血。银柴胡、地骨皮、碧桃干等治阴虚发热，穞豆衣可养血平肝滋阴止汗，浮小麦兼顾卫表。

四、其他杂病证治经验撷英

魏老师对其他杂病的诊治亦有一定的特色。如对于皮肤病伴瘙痒的治疗，除辨证施治外，在用药方面，魏老师常用僵蚕、蝉蜕药对组合。这两味药合用的方剂，在宋以前的方书中尚难找到，宋以后，蚕、蝉配合构成的方剂逐渐出现，如《太平惠民和剂局方》中的消风散，就有蚕、蝉配伍，主治“皮肤顽麻、瘙痒瘾疹及诸风上攻，头目昏痛，肢体烦疼……”因而消风散也是治疗皮肤病伴瘙痒比较常用的方剂，正所谓“无风不作痒，风去痒自除”。

对肿瘤的治疗，魏老师多采取辨证施治、清淡平和为主的风格，处方药味很少超过 20 种，运用攻伐类的药物也甚是谨慎，意在培养正气、稳定机体的内环境。在魏老师治疗的众多肿瘤患者里，有位患者 10 多年前患肺癌，经手术治疗，后由魏老师采用中医药诊治，患者的病情一直很稳定，魏师母都记得当时患者的孩子还是在读书，现在患者的孙子都很大了。

又如治疗眩晕多从肝入手，兼顾肾、胆等脏腑；治疗失眠以潜镇配合疏理气机为主；治疗心悸首辨虚实，虚者补之，实者泻之。

下面将魏老师辨治杂病的验案列举如下。

1. 皮肤病

皮肤病是指发生于人体皮肤、黏膜及皮肤附属器的疾病。关于皮肤病的记载，早在公元前殷商时代的甲骨文中已有记述。见于甲骨文的皮肤病有“疥”“疕”等。春秋时代的《五十二病方》记载了多种皮肤病，如“白处”“白瘨”“瘙”“疼”“疥”“面炮赤”等，分别和西医的色素脱失性皮肤病、瘙痒性皮肤病、皮脂溢出性皮肤病相似。该书载有砭法、灸法、熨法、薰法、洗浴法、敷贴法等外治疗法，并有散剂、膏剂、水剂、醋剂、酒剂、水银剂等剂型。《黄帝内经》总结了我国春秋战国以前的医学成就和治疗经验。其中关于皮肤病的记载有痈、疽、疠风、痤疿、痒疥、皮痹、胼胝等多种病名，并有不少关于皮肤的组织生理、病因病机及治疗的记述，如《素问·水热穴论》

曰："所谓玄府者，汗空也。"《素问·至真要大论》曰："诸痛痒疮，皆属于心。"汉代张仲景的《金匮要略》中有很多皮肤病的记载，如"狐惑之为病……蚀于喉为惑，蚀于阴为狐……蚀于上部则声暍，甘草泻心汤主之""浸淫疮黄连粉主之"。南北朝时期，龚庆宣所撰的《刘涓子鬼遗方》是我国现存的第一本外科学专著，该书有"疥疽""瘙疽""疥癣""疮""疖""痿"等皮肤病的描述，并记述了许多种皮肤病的治疗方法，如治小儿头痛的紫草膏方，治皮肤热痱、瘰疬的白蔹膏方等，最早记载了使用水银治疗皮肤病，运用水银膏比国外至少要早6个世纪。隋代巢元方的《诸病源候论》是我国第一部论述各种疾病病因病理的专著，该书以很大的篇幅详尽地记述了多种皮肤病的病因和病理，对疣、癣、疥、瘾、疹等一些常见的皮肤病的症状和辨证也有详细的描述，并指出了漆过敏与个人素质有关，疥疮具有传染性，病因是疮内有虫。唐代孙思邈的《备急千金要方》《千金翼方》较详细地记述了当时所用的各种治疗药物和方法，除内服药外，外用的有粉剂、酊剂、醋泡剂、洗浴剂、湿敷剂、熏洗剂及各种油膏等。孙思邈还是一个麻风病学家，曾亲手治疗600多例麻风病。明代陈实功的《外科正宗》素以"列证最详，论治最精"著称。该书所记载的皮肤病名，有些是前代医书未曾记载过的，如"白屑风""臭田螺""枯筋箭"等；该书对每一疾病的病因、症状、治法、预后、调理等各方面都有较详细的论述，并列出许多治疗方剂和药物配制方法，其中一部分临床上目前仍在使用。明代陈司成的《霉疮秘录》是我国第一部专门论治梅毒的专著。该书对梅毒的病因、传染方式已有所认识，在治疗上采用膏丹丸散等多种剂型，特别是对土茯苓的临床适应证作了较详尽的论述，书中记载用砷剂治疗梅毒比欧洲要早三百多年。明代沈之问的《解围元薮》是我国第一部论述麻风的专著。这些说明中医学对皮肤病的防治有着丰富的记载和宝贵的经验。

皮肤病的病因有内因、外因之分。外因包括风、寒、暑、湿、燥、火、虫、毒；内因包括七情内伤、饮食劳倦及脏腑损伤。其病机主要为气血不和，脏腑失调，而生风、生湿、化燥、致虚、致瘀。风为百病之首，风邪常与他邪相兼为病，如风湿、风热、风寒等。皮肤病往往不是单一原因所引起，常为数个病因共同作用所致。或内伤与外感兼夹在一起，或为实证，或为虚证，或虚实夹杂，所以在审因辨证时，要善于分析，才能得出正确的结论。

例 王某，男性。

初诊：自1987年开始，患双下肢皮肤慢性皮炎，每日瘙痒难忍，皮肤每被抓破出血，后用竹板刮，以解瘙痒，导致受损双下肢皮肤黑紫，后用恩肤霜（丙酸氯倍他索乳膏）涂，有时缓解，有时复又加剧，疾病缠绵数年。

处方：苦参30g，黄柏30g，蛇床子30g，川椒5g，白矾3g，艾叶5g，徐长卿15g，地肤子30g。共3剂，水煎服。煎煮，外洗，并嘱每日1次，每次10分钟，洗好后再涂恩肤霜，如此交替。

脉症分析：

（1）辨性质。皮肤病的性质主要分为急性、慢性两大类。急性大多发病急骤，发病原因多为风、湿、热等，以实证为主。一般与心、肺、脾三脏的关系最为密切，《黄帝内经》云："诸痛痒疮，皆属于心。"因心主热，火之化，热甚则疮痛，热微则疮痒。《诸病源候论》说："肺主气，候于皮毛；脾主肌肉。气虚则肤腠开，为风湿所乘；内热则脾气温，脾气温则肌肉生热也。湿热相搏，故头面身体皆生疮也。" 慢性大多发病缓慢，发病原因多为血瘀或营血不足，肝肾亏损，冲任不调，以虚证为主。一般与肝、肾两脏的关系最为密切。因肝主藏血，血虚则生风生燥，肤失濡养而为病；肾主藏精，黑色属肾，肾精不足则可产生皮肤的色素改变。

（2）辨瘙痒。一般急性皮肤病的瘙痒多由外风所致，故其症状有流窜不定、泛发而起病迅速的特点，可有风寒、风热、风湿的不同。风寒所致瘙痒，遇寒加重而皮疹色白，兼畏寒、脉浮紧等；风热所致瘙痒，皮疹色红，遇热加重，兼恶风、口渴、脉浮数等；风湿所致瘙痒，抓破有渗液或起水疱或起苔藓等。慢性皮肤病的瘙痒原因比较复杂，主要由瘀血所致瘙痒可见紫斑、色素沉着等；瘀血夹湿所致瘙痒剧烈，皮损结节坚硬，顽固难愈；痰浊所致瘙痒则常呈结节；血虚风燥所致瘙痒常有血痂或脱屑，皮肤干裂，苔藓样变等。

（3）辨疼痛。疼痛一般多由寒邪或热邪或痰凝血瘀，阻滞经络，经络不通所致。寒证疼痛表现为局部青紫、遇寒加重，得温则缓；热证疼痛有红肿、发热与疼痛性皮损；痰凝血瘀疼痛可有痰核结节或瘀斑、青紫、疼痛位置多固定不移。

（4）辨皮损。皮损有原发性和继发性两种。原发性皮损有斑疹、丘疹、风团和疱疹。皮损表现为红、热、丘疹、疱疹、脓疱、糜烂等，伴有渗液或脓液。继发性常见皮损有风团、丘疹、脱屑等。皮损主要表现为苔藓样变、色素沉着、皲裂、鳞屑等。

（5）辨舌苔。舌苔由胃气所生。苔之厚薄可知邪气之深浅，薄苔为病初邪轻，厚苔为病深邪重，或痰湿阻滞。苔之润燥可知津液之存亡，苔滑润，为津液未伤和痰湿内盛；苔干燥，为津液已耗。苔之偏剥可知病情之虚实，苔偏于前，多见脾胃虚弱或痰浊内盛；苔偏于后，多见肝肾阴亏或湿热下注。苔腻宜祛痰利湿；苔薄应补益肝肾。

从病性辨证来看，症见双下肢皮肤慢性皮炎，时有缓解，时有加剧，反复不定，患者感受湿邪，湿性重着、黏滞，病程多缠绵难愈，反复发作；湿邪趋下，易袭阴位。患者每日瘙痒难耐，皮肤黑紫，为夹热夹瘀之象。

方药解析：由于肺主皮毛，故皮肤病大多与肺经有关。如果肺经有热，复感外风，郁而化热，热伤血络，熏蒸肌肤而引发皮肤病，应疏风清热，凉血解毒，并重视反佐，如巧用辛热之药。苦参、黄柏清热祛湿解毒；徐长卿性温味辛，能祛风止痛止痒外，兼有活血解毒之效；皮肤病最易瘙痒，用地肤子、蛇床子祛风止痒，除湿解毒。投药时避免寒凉太过之品，故佐以川椒、艾叶、白矾，增强了收涩敛疮、生肌、止血化腐作用。

二诊：第 3 天患者皮炎症状减轻，又续 7 剂。

处方：苦参 30g，黄柏 30g，蛇床子 30g，川椒 5g，白矾 3g，艾叶 5g，徐长卿 15g，地肤子 30g。共 7 剂，水煎服。

效不更方，续服及外洗。

三诊：瘙痒基本消除，又续 7 剂，水煎服。

处方：苦参 30g，黄柏 30g，蛇床子 30g，川椒 5g，白矾 3g，艾叶 5g，徐长卿 15g，地肤子 30g。共 7 剂，水煎服。

效不更方，续服及外洗。

随访：患者双下肢慢性皮炎痊愈，迄今再未复发。

2. 肿瘤

肿瘤相当于中医学中的积聚，是由于体虚复感外邪，情志饮食所伤，以及它病日久不愈等原因引起的，以正气亏虚，脏腑失和，气滞、血瘀、痰浊蕴结腹内为基本病机，以腹内结块、或胀或痛为主要临床特征的一类病证。

积聚是涉及腹腔脏器多种疾病，而在临床又比较常见的一类病证。经过长期的临床实践，中医学对积聚的治疗积累了丰富的经验，并在此基础上形成了具有自身特色的理论认识，尤其是扶正祛邪、攻补兼施的治疗思想及有关的一系列方药，对减轻甚至治愈积聚病证，具有重要的意义。

积聚之名，首见于《灵枢·五变》：“人之善病肠中积聚者……皮肤薄而不泽，肉不坚而淖泽。如此则肠胃恶，恶则邪气留止，积聚乃伤。”《黄帝内经》里还有伏梁、息贲、肥气等病名，亦皆属积聚范畴。在治疗方面，《素问·至真要大论》提出的“坚者削之”“结者散之，留者攻之”等原则，具有一般的指导作用。《难经》对积聚作了明确的区别，并对五脏之积的主要症状作了具体描述。《金匮要略·疟病脉证并治》将疟疾引起的癥瘕称为疟母，并以鳖甲煎丸治之。《诸病源候论·积聚病诸候》对积聚的病因病机有较详细的论述，并认为积聚一般有一个渐积成病的过程，“诸脏受邪，初未能为积聚，留滞不去，乃成积聚”。《证治准绳·积聚》在总结前人经验的基础上，提出了“治疗是病必分初、中、末三法”的主张。

《景岳全书·积聚》则对攻补法的应用作了很好的概括，“治积之要，在知攻补之宜，而攻补之宜，当于孰缓孰急中辨之”。《医宗必读·积聚》把攻补两大治法与积聚病程中初中末三期有机地结合起来，并指出治积不能急于求成，可以“屡攻屡补，以平为期”，颇受后世医家的重视。《医林改错》则强调瘀血在积聚病机中的重要作用，对活血化瘀方药的应用有突出的贡献。

中医文献中的癥瘕、痃癖，以及伏梁、肥气、息贲等疾病，皆属积聚的范畴。肺癌在中医临床中属“肺积”范畴，中医认为主要是由于正气虚损，阴阳失调，六淫之邪乘虚入肺，邪滞于肺，导致肺脏功能失调，肺气阻郁，宣降失司，气机不利，血行受阻，津液失于输布，津聚为痰，痰凝气滞，瘀阻络脉，于是痰气瘀毒胶结，日久形成肺部积块。因此，肺癌是一种全身属虚、局部属实的疾病。肺癌的虚以阴虚、气阴两虚为多见；实则不外乎气滞、血瘀、痰凝、毒聚的病理变化。

肺癌的致病原因甚为复杂，其中环境污染，特别是生活和生产（工作）环境的大气污染是重要的因素。如在生活空间里的厨房燃煤、油烟中一氧化碳、氮氧化物及强致癌物苯并芘等污染住宅空气，职业环境中的石棉、无机砷、矿石粉尘、煤焦油等的长期污染毒害作用。一般认为吸烟与肺癌的关系也十分密切，有资料证明，85%以上的肺癌是由吸烟引起的，即吸烟的时间越长，每日的吸烟量越大，吸烟深度越深，开始吸烟年龄越小，则其患肺癌的危险性越大。从开始吸烟到出现肺癌的时间为15～20年。40岁以上的吸烟者有十分之一会发生肺癌。如果每天吸烟20支，吸烟20年，其患肺癌的可能性要比不吸烟者高20倍。此外，慢性支气管炎、陈旧性肺结核瘢痕，在一定条件下也存在潜在性癌变的危险。

例 杨某，男。

2012年8月4日诊：肺癌术后，症情稳定，续前法调治。

处方：北沙参15g，生黄芪15g，炒防风8g，焦白术15g，象贝母9g，桔梗 8g，炮山甲 8g，炙款冬花 12g，羊乳 15g，地骨皮 15g，麦冬 15g，化橘红 10g，薏苡仁 20g，炙桑白皮 15g。共 14 剂，水煎服。

脉症分析：此处无脉症记录。据方药来看该患者属肺阴虚型，可能表现为干咳或呛咳，痰少或无痰，或痰中带血，声音嘶哑，口干，便秘。舌质暗红，舌苔薄黄少津，脉细数无力。

方药解析：养阴清热，化痰止咳，方用沙参麦冬汤加减。北沙参、麦冬清养肺胃，生津润燥。羊乳、地骨皮滋阴清热。贝母、桔梗、款冬花、桑白皮、薏苡仁化痰散结，清肺护阴。肺为贮痰之器，而脾为生痰之源，故用薏苡仁健脾利湿。肺卫一体，肺虚卫表亦不固易受风邪，所以魏老师加黄芪、防风、焦白术取玉屏风散之意。方中黄芪益气固表止汗为君；白术补气健脾为臣；佐以防风走表而散风邪，合黄芪白术以益气祛邪。且黄芪得防风，固表而不致留邪；防风得黄芪，祛邪而不伤正，有补中寓疏、散中寓补之意；久病入络，炮山甲味咸，性微寒入肝、胃二经。功能散瘀通络，通经散结。全方有攻补兼施之意。

2013 年 5 月 18 日诊：肺癌术后调治，近日诊视症情平稳，续前法巩固。

处方：北沙参 15g，麦冬 15g，川贝母 6g，浙贝母 6g，桔梗 8g，红豆杉 6g，炮山甲（先煎）6g，绞股蓝 20g，杏仁 12g，化橘红 9g，炙桑白皮 15g，地骨皮 20g，玄参 9g，焦白术 15g，茯苓 15g。共 14 剂，水煎服。

脉症分析：此处无脉症记录。据方药来看该患者属肺阴虚型，兼有肺脾气虚。

方药解析：效不更方，仍以沙参麦冬汤为主方加减。于前方加红豆杉利水消肿，绞股蓝健胃消食、止咳化痰、清热解毒，加贝母止咳化痰、清热散结，杏仁降肺气，增玄参以补肺阴，更加白术、茯苓以健脾化湿，助消生痰之源。

2016 年 12 月 14 日诊：肺癌术后调治，近检查各项指标均平稳，再续前法巩固。

处方：北沙参 20g，麦冬 15g，川贝母 8g，浙贝母 8g，杏仁 12g，炙款冬花 15g，红豆杉 6g，炙桑白皮 15g，绞股蓝 20g，桔梗 8g，葛根 20g，炒苏子 15g，清炙黄芪 15g，鱼腥草 15g。共 14 剂，水煎服。

脉症分析：此处无脉症记录。据方药来看该患者属肺阴虚型，兼有肺脾气虚。

方药解析：效不更方，仍以沙参麦冬汤为主方加减。于前方加葛根生津止渴，升阳止泻，顾护肺脾之阴，炒苏子主下气，鱼腥草能清热解毒、消肿疗疮、利尿除湿。

2017 年 7 月 19 日诊：肺癌术后 10 余年，近检查示肺轻度纤维化。进前方后有改善，继前方加减。

处方：北沙参 20g，麦冬 20g，当归 10g，瓜蒌皮 15g，细生地 20g，炙款冬花 20g，川贝母 12g，浙贝母 12g，炙桑白皮 20g，玄参 10g，杏仁 12g，白桔梗 12g，炙前胡 12g，炙百部 12g，决明子 15g，鱼腥草 15g，炙百合 15g，清炙黄芪 20g。共 14 剂，水煎服。

脉症分析：肺间质纤维化主要症状为气短和呼吸困难，多呈进行性加重趋势，改变体位及活动后明显加重，咳嗽也为患者常见主诉，多为干咳少痰，或咳吐白色泡沫样黏痰，继发感染时可有咳吐黄痰、发热等症，全身症状可有消瘦、乏力、低热、食欲不振等，而气短为其最突出的症状，故中医以症状命名应为“短气”，若从病因病机角度出发则可归为“肺痹”“肺痿”范畴。肺肾亏虚、痰瘀阻络、肺失宣降为肺间质纤维化基本病理机制。本病发病以老年人居多，年老体弱，脏腑功能及免疫防御能力下降，“邪之所凑，其气必虚”，所以肺肾亏虚为发病之本，正如《医门法律》言：“肺痿者……总由肾中津液不输于肺，肺失所养，转枯转燥，然后成之。”本病气阴两亏多见，然素体阳虚或疾病晚期阴虚及阳，亦可出现肺脾肾阳气虚馁，运化水湿不利，化痰生浊，上贮于肺，而成脾肾阳虚、寒湿阻络之证。

此处无脉症记录。据方药来看该患者属肺阴虚型，化痰生浊久瘀入络。

方药解析：效不更方，仍以沙参麦冬汤为主方加减。于前方加细生地以全增液汤之意滋阴清热；瓜蒌皮、炙前胡、百合增清肺化痰、利气宽胸散结之意；当归补血活血，调经止痛，润肠通便。

2018 年 4 月 1 日诊：肺癌术后 18 年，一般症情稳定，继前法巩固。

处方：北沙参 20g，麦冬 20g，鱼腥草 15g，清炙黄芪 20g，甜苁蓉 15g，炙百合 15g，川贝母 12g，浙贝母 12g，杏仁 12g，玄参 15g，炙款冬花 15g，紫丹参 15g，鲜石斛 12g，炒鸡金 12g，炙桑白皮 20g，连翘 15g。共 14 剂，水煎服。

脉症分析：此处无脉症记录。据方药来看该患者属肺阴虚型，兼有肺脾气虚。

方药解析：效不更方，仍以沙参麦冬汤为主方加减。于前方加甜苁蓉甘而性温，咸而质润，具有补阳不燥，温通肾阳补肾虚，补阴不腻，润肠通腹治便秘的特点；鲜石斛益胃生津，滋阴清热；紫丹参祛瘀生新；炒鸡金健胃

消食，涩精止遗，通淋化石；连翘清热解毒，散结消肿。

3. 眩晕

眩晕是由于情志、饮食内伤、体虚久病、失血劳倦及外伤、手术等病因，引起风、火、痰、瘀上扰清空，或精亏血少，清窍失养，以头晕、眼花为主要临床表现的一类病证。眩即眼花，晕是头晕，两者常同时并见，故统称为“眩晕”，其轻者闭目可止，重者如坐车船，旋转不定，不能站立，或伴有恶心、呕吐、汗出、面色苍白等症状。

眩晕为临床常见病证，多见于中老年人，亦可发于青年人。本病可反复发作，妨碍正常工作及生活，严重者可发展为中风、厥证或脱证而危及生命。临床上用中医中药防治眩晕，对控制眩晕的发生、发展具有较好疗效。

眩晕病证，历代医籍记载颇多。《黄帝内经》对其涉及脏腑、病性归属方面均有记述，如《素问·至真要大论》认为“诸风掉眩，皆属于肝”，指出眩晕与肝关系密切。《灵枢·卫气》认为“上虚则眩”，《灵枢·口问》说“上气不足，脑为之不满，耳为之苦鸣，头为之苦倾，目为之眩”，《灵枢·海论》认为“脑为髓海”，而“髓海不足，则脑转耳鸣”，认为眩晕一病以虚为主。汉代张仲景认为痰饮是眩晕发病的原因之一，为后世“无痰不作眩”的论述提供了理论基础，并且用泽泻汤及小半夏加茯苓汤治疗眩晕。宋代以后，进一步丰富了对眩晕的认识。严用和在《重订严氏济生方·眩晕门》中指出“所谓眩晕者，眼花屋转，起则眩倒是也，由此观之，六淫外感，七情内伤，皆能导致”，第一次提出外感六淫和七情内伤致眩说，补前人之未备，但外感风、寒、暑、湿所致眩晕，实为外感病的一个症状，而非主要证候。元代朱丹溪倡导痰火致眩学说，《丹溪心法·头眩》说：“头眩，痰夹气虚并火，治痰为主，挟补气药及降火药。无痰不作眩，痰因火动，又有湿痰者，有火痰者。”明代张景岳在《黄帝内经》“上虚则眩”的理论基础上，对“下虚致眩”作了详尽论述，他在《景岳全书·眩晕》中说：“头眩虽属上虚，然不能无涉于下。盖上虚者，阳中之阳虚也；下虚者，阴中之阳虚也。阳中之阳虚者，宜治其气，如四君子汤……归脾汤、补中益气汤……阴中之阳虚者，宜补其精，如……左归饮、右归饮、四物汤之类是也。然伐下者必枯其上，滋苗者必灌其根。所以凡治上虚者，犹当以兼补气血为最，如大补元煎、十全大补汤诸补阴补阳等剂，俱当酌宜用之。”张氏从阴阳互根及人体是一有机整体的观点，认识与治疗眩晕，实是难能可贵，并认为眩晕的病因病机“虚者居其八九，而兼火兼痰者，不过十中一二耳”。详细论述了劳倦过度、饥饱失宜、呕吐伤上、泄泻伤下、大汗亡阳、眴目惊心、焦思不释、被殴被辱气夺等皆伤阳中之阳，吐血、衄血、便血、纵欲、崩淋等皆伤阴中之阳，而致眩晕。秦景明在《症因脉治·眩晕总论》中认为阳气虚是本病发病的主要病理环节。徐春甫的《古今医统·眩晕宜审三虚》认为：“肥人眩晕，气虚有痰；瘦人眩晕，血虚有火；伤寒吐下后，必是阳虚。”龚廷贤《寿世保元·眩晕》集前贤之大成，对眩晕的病因、脉象都有详细论述，并分证论治眩晕，如半夏白术汤证（痰涎致眩）、补中益气汤证（劳役致眩）、清离滋饮汤证（虚火致眩）、十全大补汤证（气血两虚致眩）等，至今仍值得临床借鉴。至清代对本病的认识更加全面，直到形成了一套完整的理论体系。

如有情志内伤，素体阳盛，加之恼怒过度，肝阳上亢，阳升风动，发为眩晕；或因长期忧郁恼怒，气郁化火，使肝阴暗耗，肝阳上亢，阳升风动，上扰清空，发为眩晕；也有饮食不节，损伤脾胃，脾胃虚弱，气血生化无源，清窍失养而作眩晕；或嗜酒肥甘，饥饱劳倦，伤于脾胃，健运失司，以致水谷不化精微，聚湿生痰，痰湿中阻，浊阴不降，引起眩晕；也有外伤、手术头部外伤或手术后，气滞血瘀，痹阻清窍，发为眩晕；亦有体虚、久病、失血、劳倦过度，肾为先天之本，藏精生髓，若先天不足，肾精不充，或年老肾亏，或久病伤肾，或房劳过度，导致肾精亏虚，不能生髓，而脑为髓之海，髓海不足，上下俱虚，而发生眩晕。或肾阴素亏，肝失所养，以致肝阴不足，阴不制阳，肝阳上亢，发为眩晕。大病久病或失血之后，虚而不复，或劳倦过度，气血衰少，气血两虚，气虚则清阳不展，血虚则脑失所养，皆能发生眩晕。

本病病位在清窍，由气血亏虚、肾精不足致脑髓空虚，清窍失养，或肝阳上亢、痰火上逆、瘀血阻窍而扰动清窍发生眩晕，与肝、脾、肾三脏关系密切。眩晕的病性以虚者居多，故张景岳谓“虚者居其八九”，如肝肾阴虚、肝风内动，气血亏虚、清窍失养，肾精亏虚、脑髓失充。眩晕实证多由痰浊阻遏，升降失常，痰火气逆，上犯清窍，瘀血停着，痹阻清窍而成。眩晕的发病过程中，各种病因病机，可以相互影响，相互转化，形成虚实夹杂之证；或阴损及阳，阴阳两虚。肝风、痰火上扰清窍，进一步发展可上蒙清窍，阻滞经络，而形成中风；或突发气机逆乱，清窍暂闭或失养，而引起晕厥。

例 1 俞某，男，50 岁。工人。

初诊：1979 年 5 月 23 日。头晕，项强，步履不稳，心烦心悸，血压偏高（150/100mmHg），舌苔黄薄腻，脉弦。拟滋阴平肝为主。

处方：大生地 25g，山萸肉 10g，泽泻 10g，丹参 20g，生黄芪 15g，甘菊 10g，丹皮 10g，山药 12g，麦冬 12g，钩藤（后下）12g，怀牛膝 12g，代赭石（打碎先煎）12g，珍珠母（打碎先煎）20g，牡蛎（打碎先煎）20g。共 7 剂，水煎服。

脉症分析：

（1）辨脏腑。眩晕病位虽在清窍，但与肝、脾、肾三脏功能失常关系密切。肝阴不足，肝郁化火，均可导致肝阳上亢，其眩晕兼见头胀痛、面潮红等症状。脾虚气血生化乏源，眩晕兼有纳呆、乏力、面色皖白等；脾失健运，痰湿中阻，眩晕兼见纳呆、呕恶、头重、耳鸣等；肾精不足之眩晕，多兼腰酸腿软、耳鸣如蝉等。

（2）辨虚实。眩晕以虚证居多，夹痰夹火亦兼有之；一般新病多实，久病多虚，体壮者多实，体弱者多虚，呕恶、面赤、头胀痛者多实，体倦乏力、耳鸣如蝉者多虚；发作期多实，缓解期多虚。病久常虚中夹实、虚实夹杂。

（3）辨体质。面白而肥多为气虚多痰，面黑而瘦多为血虚有火。

（4）辨标本。眩晕以肝肾阴虚、气血不足为本，风、火、痰、瘀为标。其中阴虚多见咽干口燥、五心烦热、潮热盗汗、舌红少苔、脉弦细数；气血不足则见神疲倦怠、面色不华、爪甲不荣、纳差食少、舌淡嫩、脉细弱。标实又有风性主动、火性上炎、痰性黏滞、瘀性留着之不同。

（5）辨八纲。本例属阴虚阳亢，肝阳亢逆化风，气血随风阳上逆，故眩晕、步履不正、血压偏高、脉弦；长期忧郁恼怒，气郁化火，使肝阴暗耗，肝阳上亢，阳升风动，上扰清空，故见头项强痛和心烦心悸。故本例属肝肾阴虚、风阳上扰证。

方药解析：是方以六味地黄丸为主方进行加减。方中重用大生地，滋阴补肾，填精益髓，为君药。山萸肉补养肝肾，并能涩精；山药补益脾阴，亦能固精，共为臣药。三药相配，滋养肝脾肾，称为“三补”。但地黄的用量约是山萸肉与山药两味之和，故以补肾阴为主，补其不足以治本。配伍泽泻利湿泄浊，并防熟地黄之滋腻恋邪；牡丹皮清泻相火，并制山萸肉之温涩。这三药为“三泻”，渗湿浊，清虚热，平其偏胜以治标，均为佐药。六味合用，三补三泻，其中补药用量重于泻药，是以补为主；肝脾肾三阴并补，以补肾阴为主。因患者舌苔黄薄腻，心烦，故用生地加重清虚热之力。再用钩藤和菊花息风定惊，清热平肝；代赭石平肝潜阳，重镇降逆；珍珠母和牡蛎平肝潜阳，安神魂；此几味药取羚角钩藤汤之意凉肝息风，清热止惊，再加上怀牛膝引药下行。

二诊：1979 年 5 月 30 日。服滋阴平肝剂后，症情改善，血压下降（130/92mmHg），按原意出入。

处方：大生地 25g，山萸肉 12g，泽泻 10g，丹皮 10g，山药 12g，茯苓 10g，枸杞子 12g，怀牛膝 12g，甘菊 10g，钩藤（后下）12g，牡蛎（打碎先煎）20g，代赭石（打碎先煎）12g。共 7 剂，水煎服。

脉症分析：辨证为肝肾阴虚，风阳上扰证，补肾平肝潜阳之效渐显。

方药解析：效不更方。仍以六味地黄丸为主方进行加减。于前方中去丹参、黄芪，加茯苓、枸杞。以增强补益肝肾之力。

三诊：1979 年 6 月 9 日。症尚稳定，血压趋平（130/88mmHg），神情舒健，胃纳已展，脉弦亦平，苔见薄白。当兼顾肝肾，宜慎饮厚味，颐养身心。

处方：大生地 20g，山萸肉 10g，山药 10g，泽泻 10g，丹皮 10g，茯苓 10g，枸杞子 12g，甘菊 10g，钩藤（后下）12g，杜仲叶 12g，牡蛎（打碎先煎）20g，桑寄生 12g。共 7 剂，水煎服。

脉症分析：辨证为肝肾阴虚，风阳上扰证，现血压趋平，补肾平肝潜阳之效已显。且虚热亦减轻，苔见薄白。仍应调补肝肾。

方药解析：效不更方。仍以六味地黄丸为主方进行加减。去代赭石、怀牛膝，加杜仲叶和桑寄生补肝肾，强筋骨，降血压。重镇降逆之力减，而增补肝肾之意。

例 2 马某，男，62 岁。干部。

初诊：1978 年 5 月 31 日。眼底检查显示动脉硬化Ⅱ级，常感眩晕，寐劣，心悸，腰酸楚，脉弦细，舌淡苔暗滞，拟养血柔肝为主。

处方：全当归 12g，川芎 9g，丹参 24g，葛根 12g，山萸肉 12g，枸杞子 12g，生地 9g，怀牛膝 12g，茯苓 24g，甘菊 9g，六神曲 9g。共 7 剂，水煎服。

脉症分析：从脏腑辨证来看，肝在窍为目，肝为刚脏，其气主升主动，易于亢逆，肝阳上亢故症见眼底检查显示动脉硬化Ⅱ级，兼有眩晕；腰酸楚、脉弦细、舌淡苔暗滞，说明病位在肝肾，肝肾精血不足，脉道不充，血行不畅；阴不制阳，阴阳不调，故睡眠不佳。

方药解析：是方以四物汤为主方进行加减，并以六味地黄之意。以阴柔补血之品熟地（血中血药）与辛香的当归、川芎（血中气药）相配，动静结合，补血而不滞血，活血而不伤血。加之山萸肉、枸杞、牛膝以补肝肾之阴，茯苓和六神曲健脾利湿，和胃消滞。

二诊：1978 年 6 月 9 日。进前方后眩晕、失眠、心悸已减，血压偏高，脉细沉弦，舌暗滞略转活，拟前方出入。

处方：全当归 12g，川芎 9g，紫丹参 24g，牡蛎（打碎先煎）20g，葛根 20g，生白芍 9g，怀牛膝 12g，白茯苓 15g，甘菊 9g，枸杞子 12g，泽泻 12g，山药 15g，柏子仁 12g。共 7 剂，水煎服。

脉症分析：此患者从脉弦细、舌淡苔暗滞，转为脉细沉弦、舌暗滞略转活，说明养血柔肝中肝风偏亢，需在补肝肾中略加平肝降逆之药。

方药解析：是方以六味地黄为主方佐以平肝降逆。前方加生白芍、泽泻、山药等，又加紫丹参以活血通络，又加牡蛎以益阴潜阳。

三诊：1978 年 6 月 14 日。二诊后症状已解，前方有效，继以原方调治。

处方：全当归 12g，川芎 9g，紫丹参 20g，葛根 20g，赤芍 6g，白芍 6g，枸杞子 12g，茯苓 24g，甘菊 9g，福泽泻 9g，怀牛膝 12g，柏子仁 12g，山药 12g，炒陈皮 6g。共 7 剂，水煎服。

脉症分析：说明补益肝肾中佐以平肝降逆之药而效佳。

方药解析：效不更方。续前方加赤芍以行血，加陈皮以健脾。

例 3 郑某，女，49 岁。干部。

初诊：1978 年 10 月 11 日。头晕，心悸，肢麻，夜寐不宁，血压偏高（145/100mmHg），脉弦，苔薄白。拟平肝宁心为主。

处方：甘菊 10g，钩藤（后下）12g，马蹄决明 12g，茺蔚子 10g，怀牛膝 12g，全当归 10g，白芍 10g，辰砂拌丹参 20g，茯苓 15g，牡蛎（打碎先煎）20g，淡黄芩 6g，夜交藤 12g。共 7 剂，水煎服。

脉症分析：肝肾不足，肝阳偏亢，生风化热所致。肝阳偏亢，风阳上扰，故头晕肢麻、血压偏高；肝阳有余，化热扰心，故心神不安、失眠多梦等。证属本虚标实，而以标实为主。

方药解析：治以平肝息风为主，佐以清热安神、补益肝肾之法。是方取天麻钩藤饮之意加减。方中钩藤、甘菊平肝息风，为君药。马蹄决明咸寒质重，功能平肝潜阳，并能除热明目，与君药合用，加强平肝息风之力；川牛膝引血下行，并能活血利水，共为臣药。杜仲、寄生补益肝肾以治本；黄芩清肝降火，以折其亢阳；当归、茺蔚子、丹参合川牛膝活血利水，有利于平降肝阳；夜交藤宁心安神，均为佐药。

二诊：1978 年 10 月 18 日。头晕心悸肢麻已除，夜寐得安，血压已平（128/86mmHg），舌较红，脉弦细。再宗前法出入。

处方：甘菊 10g，钩藤（后下）10g，决明子 12g，茺蔚子 10g，怀牛膝 12g，当归 10g，白芍 10g，茯苓 15g，生黄芪 15g，杜仲叶 12g，焦六曲 10g。共 7 剂，水煎服。

脉症分析：平肝息风宁心之效显。续服。

方药解析：效不更方，再宗前法出入。平肝之效佳，去丹参和牡蛎。肺脾肾之气不足，加黄芪补气固表，六神曲健脾益气，杜仲叶补益肝肾，强筋壮骨。

例 4 邵某，男，30 岁。工人。

初诊：1979 年 6 月 26 日。眩晕恶心近 1 周，有旋转感，血白细胞为 11.3×10^9/L，低热不退，口淡，脉细数。拟蒿芩清胆法。

处方：嫩青蒿 10g，淡黄芩 10g，制半夏 12g，茯苓 15g，炒陈皮 6g，炙甘草 5g，生白术 10g，枳实 10g，姜竹茹 15g，丹参 15g，牡蛎（打碎先煎）20g，珍珠母（打碎先煎）20g，碧玉散 12g。共 7 剂，水煎服。

脉症分析：症见口淡，为脾胃虚弱，健运失司，以致水谷不化精微，聚湿生痰，痰湿中阻，浊阴不降，引起眩晕恶心有旋转感。低热不退、脉细数说明患者体内有湿热。本证多由湿遏热郁，阻于少阳胆与三焦，三焦气机不畅所致，治疗以清胆利湿、和胃化痰为主。胆经郁热偏重，可见寒轻热重，口苦膈闷，胸胁胀满；胆热犯胃，液郁为痰，胃气上逆，可见吐酸苦水，或呕黄涎而黏，甚则干呕呃逆；湿阻三焦，可见小便黄。

方药解析：方中青蒿清透少阳邪热；黄芩善清胆热并燥湿。两药合用，既能清透少阳湿热，又能祛邪外出，故为君药。竹茹善清胆胃之热，化痰止呕；枳壳下气宽中，除痰消痞；半夏燥湿化痰，和胃降逆；陈皮理气化痰。四药配合，使热清湿化痰除，故为臣药。赤茯苓、碧玉散清热利湿，导邪从小便而出，故为佐使药。

二诊：1979 年 7 月 5 日。眩晕已减，旋转感及恶心亦除，白细胞已正常，低热未见，纳食渐增，舌脉转好，经浙江大学医学院附属第二医院五官科确诊为眩晕综合征。再宗前法加减。

处方：制半夏 12g，茯苓 15g，炒枳实 10g，陈皮 6g，葛根 15g，姜竹茹 15g，仙鹤草 15g，牡蛎（打碎先煎）20g，珍珠母（打碎先煎）20g，生黄芪 12g，酸枣仁 10g，苦丁茶 10g。共 7 剂，水煎服。

脉症分析：本证多由湿遏热郁，阻于少阳胆与三焦，三焦气机不畅所致，治疗以清胆利湿、和胃化痰为主。

方药解析：效不更方，因热已去，前方改青蒿为葛根，葛根解肌退热，透疹，生津止渴，改碧玉散为苦丁茶，并增生黄芪以扶助正气，酸枣仁养心补肝，敛汗生津。

三诊：1979年7月12日。眩晕未复发，低热已退，纳食已增，精神转佳。当益气扶正以固本善后。

处方：生黄芪15g，炒冬白术12g，清炙甘草5g，党参10g，全当归10g，炒陈皮5g，仙鹤草15g，红枣6g，山药12g，茯苓15g，制半夏10g，炒白芍10g。共7剂，水煎服。

脉症分析：湿遏热郁已去，益气扶正以固本善后。

方药解析：以四君子汤为主方，方中党参和黄芪为君，甘温益气，健脾养胃。臣以苦温之白术，健脾燥湿，加强益气助运之力；佐以甘淡之茯苓，健脾渗湿，苓术相配，则健脾祛湿之功益著。使以炙甘草，益气和中，调和诸药。四药配伍，共奏益气健脾之功。补气当健脾，燥湿理气祛已生之痰，健脾渗湿杜生痰之源。故配二陈汤。方中半夏辛温性燥，善能燥湿化痰，且又和胃降逆。配之以橘红，既可理气行滞，又能燥湿化痰。再佐以当归、白芍补血和血。

例5　陈某，男，38岁。干部。

初诊：1978年12月11日。5月4日夜间，突发眩晕，自觉屋倒屋旋，后每隔3～5周发作1次。现症见耳鸣，纳差，舌红无苔，脉弦细。拟柔肝镇潜合二陈法。

处方：北沙参12g，麦冬12g，枸杞子10g，山萸肉10g，制半夏10g，陈皮6g，牡蛎（打碎先煎）20g，粉葛根15g，珍珠母（打碎先煎）20g，川芎10g，丹参15g，决明子12g。共7剂，水煎服。

脉症分析：从脏腑辨证来看，症见眩晕耳鸣，说明患者肾精亏虚，髓海失充；舌红无苔、脉弦细说明肝肾阴虚，阴不制阳，肝阳上亢，故头晕症状明显；肝疏泄功能失常，肝木乘脾土，故导致脾虚纳差。柔肝镇潜适用于阴虚失涵，肝火悖逆，虚风上扰。

方药解析：是方柔肝镇潜合二陈法。沙参、麦冬、葛根清养肺肝胃之阴，萸肉、枸杞能养肝肾，敛阴止汗。牡蛎、珍珠母和决明子益阴潜阳，平肝降逆。而二陈汤燥湿化痰，理气和中。

二诊：1979年1月6日。进前法20剂后，眩晕已除，头目爽适，精神渐振，胃纳增加，夜寐颇安，唯脉仍见弦，舌红。再以柔养。

处方：北沙参12g，麦冬12g，枸杞子10g，山萸肉10g，怀山药10g，白芍10g，大生地12g，牡蛎（打碎先煎）20g，珍珠母（打碎先煎）20g，焦六曲6g，炒谷芽10g，炒麦芽10g。共10剂，水煎服。

脉症分析：肝肾阴虚，肝阳上亢之证渐除，故眩晕已除，头目爽适，精神渐振，夜寐颇安。而脉仍见弦，舌红，需再以柔养。

方药解析：效不更方，再宗前法出入。故增生地、白芍以养血滋阴，去二陈汤燥湿化痰而增焦六曲、炒谷芽、炒麦芽以健胃益气消食。

例6 刁某，男，16岁。

初诊：2015年8月22日。时有眩晕，血压偏低，夜寐欠佳，脉偏疾，舌少苔质光。

处方：大熟地20g，当归10g，清炙甘草6g，党参15g，清炙黄芪15g，白芍12g，麦冬20g，夜交藤20g，郁金12g。共7剂，水煎服。另配归脾丸2瓶。

脉症分析：患者脉偏疾，舌少苔质光，说明阴虚有热。同时血压偏低，可能兼有气血两虚。

方药解析：方用四物汤为主，以熟地、白芍、麦冬阴柔补血之品（血中血药）与辛香的当归、郁金（血中气药）相配，动静结合，补血而不滞血，活血而不伤血。加以黄芪、党参补中益气，健脾益肺。佐以夜交藤养心安神，祛风通络。另配归脾丸益气补血，健脾养心。

4. 失眠

失眠是由于情志、饮食内伤、病后及年迈，禀赋不足，心虚胆怯等病因，引起心神失养或心神不安，从而导致经常不能获得正常睡眠为特征的一类病证。主要表现为睡眠时间、深度的不足及不能消除疲劳、恢复体力与精力，轻者入睡困难，或寐而不酣，时寐时醒，或醒后不能再寐，重则彻夜不寐。

失眠是临床常见病证之一，虽不属于危重疾病，但常妨碍人们正常生活、工作、学习和健康，并能加重或诱发心悸、胸痹、眩晕、头痛、中风病等病证。顽固性的失眠，给病人带来长期的痛苦，甚至形成对安眠药物的依赖，而长期服用安眠药物又可引起医源性疾病。中医药通过调整人体脏腑气血阴阳的功能，常能明显改善睡眠状况，且不引起药物依赖及医源性疾患，因而颇受欢迎。

失眠在《黄帝内经》中被称为“目不瞑”“不得眠”“不得卧”，其认为失眠原因主要有两种，一是其他病证影响，如咳嗽、呕吐、腹满等，使人不得安卧；二是气血阴阳失和，使人不能入寐，如《素问·病能论》曰：“人有卧而有所不安者，何也？……脏有所伤及，精有所寄，则安，故人不能悬其病也。”《素问·逆调论》还记载有“胃不和则卧不安”，是指“阳明逆不得从其道”“逆气不得卧，而息有音者”，后世医家延伸为凡脾胃不和，痰湿、食滞内扰，以致寐寝不安者均属于此。《难经》最早提出“不寐”这一病名，《难经·四十六难》认为老人不寐的病机为“血气衰，肌肉不滑，荣卫之道涩，故昼日不能精，夜不得寐也”。汉代张仲景在《伤寒论》及《金匮要略》中记载了用黄连阿胶汤及酸枣仁汤治疗失眠，至今临床仍有应用价值。《古今医统大全·不得卧》较详细地分析了失眠的病因病机，并对临床表现及其治疗原则作了较为详细的论述。张景岳的《景岳全书·不寐》较全面地归纳和总结了不寐的病因病机及其辨证施治方法，“寐本乎阴，神其主也，神安则寐，神不安则不寐。其所以不安者，一由邪气之扰，一由营气之不足耳”，还认为“饮浓茶则不寐，心有事亦不寐者，以心气之被伐也”。《景岳全书·不寐·论治》中指出：“无邪而不寐者……宜以养营气为主治……即有微痰微火皆不必顾，只宜培养气血，血气复则诸症自退，若兼顾而杂治之，则十曝一寒，病必难愈，渐至元神俱竭而不可救者有矣”“有邪而不寐者，去其邪而神自安也”。《医宗必读·不得卧》将失眠原因概括为“一曰气盛，一曰阴虚，一曰痰滞，一曰水停，一曰胃不和”五个方面。《医效秘传·不得眠》将病后失眠病机分析为“夜以阴为主，阴气盛则目闭而安卧，若阴虚为阳所胜，则终夜烦扰而不眠也。心藏神，大汗后则阳气虚，故不眠。心主血，大下后则阴气弱，故不眠，热病邪热盛，神不清，故不眠。新瘥后，阴气未复，故不眠。若汗出鼻干而不得眠者，又为邪入表也”。

失眠是以不能获得正常睡眠，以睡眠时间、深度及消除疲劳作用不足为主的一种病证。由于其他疾病而影响睡眠者，不属本章讨论范围。西医学中神经官能症、更年期综合征等以失眠为主要临床表现时可参考本章内容辨证论治。

其病机可能为情志所伤或情志不遂，肝气郁结，肝郁化火，邪火扰动心神，心神不安而致不寐。或五志过极，心火内炽，心神扰动而不寐。或思虑太过，损伤心脾，心血暗耗，神不守舍，脾虚生化乏源，营血亏虚，不能奉养心神，即《类证治裁·不寐》所说“思虑伤脾，脾血亏损，经年不寐”。或因饮食不节，脾胃受损，宿食停滞，壅遏于中，胃气失和，阳气浮越于外而卧寐不安，如《张氏医通·不得卧》云："脉滑数有力不得卧者，中有宿滞痰火，此为胃不和则卧不安也。"或过食肥甘厚味，酿生痰热，扰动心神而不眠。或饮食不节，脾胃受伤，脾失健运，气血生化不足，心血不足，心失所养而失眠。抑或病后、年迈久病血虚，产后失血，年迈血少等，引起心血不足，心失所养，心神不安而不寐。正如《景岳全书·不寐》所说："无邪而不寐者，必营气之不足也，营主血，血虚则无以养心，心虚则神不守舍。"亦有禀赋不足，心虚胆怯，素体阴盛，兼因房劳过度，肾阴耗伤，不能上奉于心，水火不济，心火独亢而不寐者；或肝肾阴虚，肝阳偏亢，火盛神动，心肾失交而神志不宁。如《景岳全书·不寐》所说："真阴精血不足，阴阳不交，而神有不安其室耳。"亦有因心虚胆怯，暴受惊恐，神魂不安，以致夜不能寐或寐而不酣，如《杂病源流犀烛·不寐多寐源流》所说："有心胆惧怯，触事易惊，梦多不祥，虚烦不寐者。"

综上所述，失眠的病因虽多，但以情志、饮食或气血亏虚等内伤病因居多，由这些病因引起心、肝、胆、脾、胃、肾的气血失和，阴阳失调，其基本病机以心血虚、胆虚、脾虚、肾阴亏虚进而导致心失所养及由心火偏亢、肝郁、痰热、胃失和降进而导致心神不安两方面为主。其病位在心，但与肝、胆、脾、胃、肾关系密切。失眠虚证多由心脾两虚，心虚胆怯，阴虚火旺，引起心神失养所致。失眠实证则多由心火炽盛，肝郁化火，痰热内扰，引起心神不安所致。但失眠久病可表现为虚实兼夹，或为瘀血所致，故清代王清任用血府逐瘀汤治疗。

例 王某，女，成人。

初诊：2013 年 5 月 18 日。失眠时作，脉细偏弦，苔薄少。

处方：紫丹参 15g，炒枣仁 15g，夜交藤 15g，合欢皮 15g，石菖蒲 12g，当归身 9g，大熟地 12g，白芍 12g，炒杜仲 12g，青龙齿（打碎先煎）20g，制川芎 6g，茯神 15g，绿梅花 12g，桑椹 15g，炒柏子仁 12g。共 7 剂，水煎服。另配逍遥丸 1 瓶。

脉症分析：

（1）辨脏腑。

失眠的主要病位在心，由于心神失养或不安，神不守舍而失眠，但与肝、胆、脾、胃、肾的阴阳气血失调相关。如急躁易怒之失眠，多为肝火内扰；遇事易惊，多梦易醒，多为心胆气虚；面色少华、肢倦神疲之失眠，多为脾虚不运，心神失养；嗳腐吞酸、脘腹胀满之失眠，多为胃腑宿食，心神被扰；

胸闷，头重目眩，多为痰热内扰心神；心烦心悸、头晕健忘之失眠，多为阴虚火旺，心肾不交，心神不安等。

（2）辨虚实。

失眠虚证，多属阴血不足，心失所养，临床特点为体质瘦弱，面色无华，神疲懒言，心悸健忘，多因脾失运化，肝失藏血，肾失藏精所致。实证为火盛扰心，临床特点为心烦易怒，口苦咽干，便秘溲赤，多因心火亢盛或肝郁化火所致。

此患者脉细偏弦，苔薄少，属肝气郁结，肝郁化火，邪火扰动心神，心神不安而不寐。

方药解析：方用安神定志丸以安神定志，配四物汤以补血宁心安神。方中龙齿重镇安神，远志、石菖蒲入心开窍，除痰定惊，同为主药；夜交藤、合欢皮、酸枣仁、茯神养心安神，茯苓、党参健脾益气，协助主药宁心除痰。四物汤中以熟地、白芍阴柔补血之品（血中血药）与辛香的当归、川芎、丹参（血中气药）相配，动静结合，补血而不滞血，活血而不伤血，助补血以宁心安神。佐以杜仲、桑椹补益肾气。

复诊：2013 年 5 月 26 日。失眠诸症缓解，拟原方加减善后。

处方：紫丹参 15g，炒枣仁 15g，夜交藤 15g，合欢皮 15g，石菖蒲 12g，熟地 12g，白芍 12g，绿梅花 12g，香附 12g，炒枳壳 15g，桑椹 15g，炒柏子仁 12g。共 7 剂，水煎服。另配逍遥丸 1 瓶。

脉症分析：诸症皆缓，故宗原方加减。

方药解析：续前方加减，失眠诸症缓解，不可攻伐太过而去重镇安神之青龙齿，加香附、枳壳以疏肝解郁。另配逍遥丸疏肝健脾，养血调经以善后。

5. 心悸

心悸是因外感或内伤，致气血阴阳亏虚，心失所养；或痰饮瘀血阻滞，心脉不畅，引起以心中急剧跳动，惊慌不安，甚则不能自主为主要临床表现的一种病证。

心悸因惊恐、劳累而发，时作时止，不发时如常人，病情较轻者为惊悸；若终日悸动，稍劳尤甚，全身情况差，病情较重者为怔忡。怔忡多伴惊悸，惊悸日久不愈者亦可转为怔忡。

《黄帝内经》虽无心悸或惊悸、怔忡之病名，但有类似症状记载，如《素问·举痛论》曰：“惊则心无所依，神无所归，虑无所定，故气乱矣。”并认为其病因有宗气外泄、心脉不通、突受惊恐、复感外邪等，且对心悸脉象的变化有深刻认识。《素问·三部九候论》说："参伍不调者病。"最早记载脉律不齐是疾病的表现。《素问·平人气象论》说："脉绝不至曰死，乍疏乍数曰死。"最早认识到心悸时严重脉律失常与疾病预后的关系。汉代张仲景在《伤寒论》及《金匮要略》中以"惊悸""心动悸""心下悸"等为病证名，认为其主要病因有惊扰、水饮、虚损及汗后受邪等，记载了心悸时表现的结、代、促脉及其区别，提出了基本治则及炙甘草汤等治疗心悸的常用方剂。宋代《济生方·惊悸怔忡健忘门》率先提出怔忡病名，对惊悸、怔忡的病因病机、变证、治法作了较为详细的记述。《丹溪心法·惊悸怔忡》中提出心悸当"责之虚与痰"的理论。明代《医学正传·惊悸怔忡健忘证》对惊悸、怔忡的区别与联系有详尽的描述。《景岳全书·怔忡惊恐》认为怔忡由阴虚劳损所致，且"虚微动亦微，虚甚动亦甚"，在治疗与护理上主张"速宜节欲节劳，切戒酒色""速宜养气养精，滋培根本"。清代《医林改错》论述了瘀血内阻导致心悸怔忡，记载了用血府逐瘀汤治疗心悸每多获效。

心悸的病位主要在心，由于心神失养，心神动摇，而悸动不安。但其发病与脾、肾、肺、肝四脏功能失调相关。如脾不生血，心血不足，心神失养则动悸。脾失健运，痰湿内生，扰动心神，心神不安而发病。肾阴不足，不能上制心火，或肾阳亏虚，心阳失于温煦，均可发为心悸。肺气亏虚，不能助心以主治节，心脉运行不畅则心悸不安。肝气郁滞，气滞血瘀，或气郁化火，致使心脉不畅，心神受扰，都可引发心悸。

心悸的病性主要有虚实两方面。虚者为气血阴阳亏损，心神失养而致。实者多由痰火扰心、水饮凌心及瘀血阻脉而引起。虚实之间可以相互夹杂或转化。如实证日久，耗伤正气，可分别兼见气、血、阴、阳之亏损，而虚证也可因虚致实，而兼有实证表现，如临床上阴虚生内热者常兼火亢或夹痰热，阳虚不能蒸腾水湿而易夹水饮、痰湿，气血不足、气血运行滞涩而易出现气血瘀滞，瘀血与痰浊又常常互结为患。总之，本病为本虚标实证，其本为气血不足，阴阳亏损，其标是气滞、血瘀、痰浊、水饮，临床表现多为虚实夹杂之证。

例1 金某，女，71岁。工人。

初诊：1979年2月28日。时感心悸头晕，胸闷不适，纳差，苔薄白，脉细弱间有结代。营气不足，心失所养，拟益气养营为主。

处方：炙甘草6g，桂枝6g，全当归12g，川芎10g，熟地12g，生地

12g，白芍 10g，葛根 15g，丹参 15g，太子参 15g，制黄精 12g，茯苓 15g，炒陈皮 6g，焦六曲 10g，沉香曲 6g。共 7 剂，水煎服。

脉症分析：

（1）辨虚实。心悸证候特点多为虚实夹杂，虚者指脏腑气血阴阳亏虚，实者多指痰饮、瘀血、火邪之类。辨证时，要注意分清虚实的多寡，以决定治疗原则。

（2）辨脉象。观察脉象变化是心悸辨证中重要的客观内容，常见的异常脉象如结脉、代脉、促脉、涩脉、迟脉，要仔细体会、掌握其临床意义。临床应结合病史、症状，推断脉症从舍。一般认为，阳盛则促，数为阳热，若脉虽数、促，而沉细、微细，伴有面浮肢肿、动则气短、形寒肢冷、舌淡者，为虚寒之象。阴盛则结，迟而无力为虚，脉象迟、结、代者，一般多属虚寒，其中结脉表示气血凝滞，代脉常为元气虚衰、脏气衰微。凡久病体虚而脉象弦滑搏指者为逆，病情重笃而脉象散乱模糊为病危之象。

（3）辨病情。对心悸的临床辨证应结合引起心悸原发疾病的诊断，以提高辨证准确性，如功能性心律失常所引起的心悸，常表现为心率快速型心悸，多属心虚胆怯，心神动摇；冠心病心悸，多为气虚血瘀，或由痰瘀交阻而致；风心病引起的心悸，以心脉痹阻为主；病毒性心肌炎引起的心悸，多由邪毒外侵，内舍于心，常呈气阴两虚、瘀阻络脉证。

从八纲来看，患者脉细弱间有结代，病证属虚；心阳虚衰，推动温运无力，心动失常，宗气衰少，胸阳不展，故见心悸头晕、胸闷不适。年老气虚脾胃运化失司，故见纳差。属营气不足，心失所养。

方药解析：方用桂枝甘草汤合八珍汤为主加减。方中桂枝味辛性温，入心通阳。炙甘草甘温，益气补中。二者配伍，辛甘化阳，补益心阳。本方是温心阳之基础方，药味专捷，又取“顿服”，意在急复心阳。八珍以人参与熟地相配，益气养血，共为君药。白术、茯苓健脾渗湿，助人参益气补脾。当归、白芍养血和营，助熟地滋养心肝，均为臣药。丹参、川芎为佐，活血行气，使地、归、芍补而不滞。炙甘草为使，益气和中，调和诸药。佐以焦六曲、沉香曲理脾胃之气，促脾胃运化。

复诊：1979 年 3 月 10 日。心悸头晕未复发，胸闷不适已解，纳食趋常，5 分钟内未按及结代脉。症见起色，再投益气养营法，因患者年事已高，宜慎调养。

处方：炙甘草 6g，炙桂枝 6g，太子参 15g，制黄精 12g，茯苓 15g，熟地 10g，全当归 10g，川芎 6g，白芍 6g，粉葛根 12g，丹参 12g，炒陈皮 5g。共 7 剂，水煎服。

脉症分析：营气不足，心失所养，症见起色，再投益气养营法。

方药解析：诸症皆缓，故宗原方加减。纳食趋常，故去焦六曲、沉香曲。

例 2 蔡某，男，47 岁。工人。

初诊：1979 年 3 月 10 日。阵发性心动过速已 1 年有余，自认为是服人参引起，且淋浊多年，现症见心悸发作次数较频繁，近感尿后有余沥，下腹作胀不适，心易烦，舌红，脉弦数。拟龙胆泻肝法出入。

处方：醋炙龙胆草 5g，焦山栀 10g，淡黄芩 5g，柴胡 10g，当归 10g，细生地 30g，土茯苓 15g，川萆薢 12g，福泽泻 10g，猪苓 15g，炙甘草 6g，辰丹参 15g，牡蛎（打碎先煎）20g，紫石英（打碎先煎）12g。共 10 剂，水煎服。

脉症分析：从归经来看，足厥阴肝经抵小腹，患者症见下腹作胀不适，淋浊多年，说明肝胆湿热下注，气机不畅。心易烦，舌红，脉弦数，多属热证。患者久病气虚，肾气不固，导致近感尿后有余沥；心失濡养，心悸频发。

方药解析：方中龙胆草大苦大寒，既能清利肝胆实火，又能清利肝经湿热，故为君药。黄芩、栀子苦寒泻火，燥湿清热，共为臣药。泽泻、木通、车前子渗湿泻热，导热下行，实火所伤，损伤阴血，当归、生地养血滋阴，邪去而不伤阴血，共为佐药。柴胡舒畅肝经之气，引诸药归肝经，土茯苓、川萆薢泌别清浊，加之丹参活血化瘀，牡蛎、紫石英除热镇心，最后甘草调和诸药，共为佐使药。

复诊：1979 年 4 月 12 日。进龙胆泻肝法后，停药 2 周，心动过速未复发，淋浊基本消失，时有下腹作胀不适，心烦大减，舌苔薄白，脉细不弦。拟平肝滋肾。

处方：软柴胡 6g，白芍 10g，甘菊花 6g，细生地 15g，泽泻 10g，枸杞子 10g，猪苓 12g，当归 10g，土茯苓 15g，川萆薢 10g，红枣 5 枚。共 10 剂，水煎服。

脉症分析：原舌红，脉弦数，用龙胆泻肝汤清利肝经湿热，现舌苔薄白脉细不弦，且心烦大减，淋浊基本消失，故肝经湿热去其大半，拟平肝滋肾善后。

方药解析：肝经湿热去其大半，故前方去龙胆草、焦山栀、黄芩，加枸杞、菊花以疏风清热、解毒平肝。

例3 施某，女，29岁。工人。

初诊：1979年2月20日。心电图提示不完全性右束支传导阻滞，并有浸润性肺结核。现症见心悸不宁，乏力，自汗盗汗，咳逆少痰，脉弦细数。

处方：紫丹参15g，茯苓15g，川芎10g，生黄芪15g，酸枣仁12g，白薇10g，炒冬白术12g，北沙参12g，麦冬12g，炙百部6g，银柴胡10g，地骨皮10g，穞豆衣10g，炙龟板10g，牡蛎（打碎先煎）30g。共7剂，水煎服。

脉症分析：症见心悸不宁，乏力，自汗盗汗并见，脉弦细数，说明患者气阴两虚，免疫力低下致肺痨，阴虚肺燥，故见咳逆少痰。

方药解析：取月华丸之意，滋阴润肺，杀虫止咳。方中北沙参、麦冬滋阴润肺；银柴胡、地骨皮、龟板治虚劳骨蒸盗汗；穞豆衣滋阴养血，平肝益肾；百部润肺止嗽，兼能杀虫；白薇清热凉血，利尿通淋；丹参、川芎活血和营；黄芪、茯苓、白术健脾补气，以资生化之源。

二诊：1979年3月14日。连进药14剂后，症势已有改善，仍拟前法出入。

处方：生黄芪15g，炒党参12g，茯苓15g，清炙甘草5g，北沙参12g，麦冬12g，枸杞子12g，辰丹参15g，牡蛎（打碎先煎）20g，炙龟板12g，龙齿（打碎先煎）12g，炒冬白术12g，生地20g，炙白薇10g，磁朱丸（打碎先煎）12g。共10剂，水煎服。

脉症分析：阴虚肺燥，仍拟前法出入。

方药解析：续前方加减，增磁朱丸，有摄纳浮阳、镇心明目之功效。

三诊：1979年4月2日。二诊后诸恙已消，纳振神复，咳逆未作，夜寐亦安，唯脉弱，不能多劳，宜益气扶脾以培本。

处方：清炙黄芪12g，炒党参10g，清炙甘草5g，茯苓15g，炒山药12g，炒黄精10g，全当归10g，麦冬12g，地骨皮10g，蒸百合12g，红枣6g。共10剂，水煎服。

脉症分析：滋肺肾养营之功效显，现唯脉弱，宜益气扶脾以培本。

方药解析：方用黄芪、党参、茯苓、山药补脾益气，百合、麦冬、地骨皮补肺阴退热除蒸，黄精补脾润肺生津。

例4 章某，女，52岁。工人。

初诊：1978年11月29日。心悸失眠易烦，常现阵发性心动过速，苔薄白，脉细疾。拟养心宁神佐以平肝。

处方：辰砂拌丹参15g，川芎10g，炒枣仁12g，茯苓15g，粉葛根

15g，钩藤 12g，生白芍 10g，当归 12g，珍珠母（打碎先煎）25g，牡蛎（打碎先煎）25g，麦冬 12g，柏子仁 12g，炙甘草 6g，淮小麦 30g。共 7 剂，水煎服。

脉症分析：心主神，肝主疏泄，心血不足，心神失养，肝藏血功能减弱，疏泄失常，气机不畅，心神不能内守，心肝火旺，故见心悸失眠易烦。肝肾阴虚，阴不制阳，肝阳上亢，故脉细疾。

方药解析：丹参活血祛瘀，通经止痛，清心除烦，凉血消痈，用于胸痹心痛，心烦失眠之效佳。川芎辛温香燥，走而不守，既能行散，上行可达巅顶；又入血分，下行可达血海，活血祛瘀作用广泛，为血中之气药。葛根清养肺胃之阴；钩藤、白芍清热补血平肝，息风定惊；牡蛎、珍珠母养心安神，益阴潜阳；酸枣仁、柏子仁、淮小麦养肝宁心，安神敛汗。

复诊：1978 年 12 月 6 日。进药后心悸失眠渐瘥，近三日心胸较舒，阵发性心动过速亦未复发，唯胃纳未振。仍拟前法佐运脾。

处方：辰砂拌丹参 15g，川芎 10g，炒柏子仁 12g，茯苓 15g，麦冬 12g，粉葛根 20g，清炙甘草 10g，淮小麦 30g，西党参 12g，焦白术 12g，石菖蒲 5g，甘菊 10g，钩藤 12g，牡蛎（打碎先煎）30g，龙齿（打碎先煎）12g。共 7 剂，水煎服。

脉症分析：养心宁神佐以平肝效佳，仍拟前法佐运脾。

方药解析：续前方加减，去炒枣仁，增党参、白术以健脾益气，石菖蒲镇心神兼化痰滞。

第五章 学术成就

第一节 《名医方论》选释

一、逍遥散（《太平惠民和剂局方》）

【组成】 柴胡、当归、白芍、白术、茯苓、炙甘草、煨姜、薄荷。

【功效】 疏肝解郁，健脾养血。

【主治】 肝郁血虚，两胁作痛，头痛目眩，口燥咽干，疲乏食少，或见寒热往来，或月经不调，乳房作胀，舌淡红，脉弦而虚者。

【原文1】 五脏苦欲补泻①云：肝苦急，急食甘以缓之②。盖肝性急善怒，其气上行③则顺，下行④则郁，郁则火动，而诸病生矣。故发于上则头眩耳鸣，而或为目赤；发于中则胸满胁痛，而或作吞酸；发于下则少腹疼病，而或溲溺不利；发于外则寒热往来，似疟非疟。凡此诸证，何莫非肝郁之象乎？

【词解】 ①五脏苦欲补泻：指《素问·脏气法时论》中关于五脏补泻之学说。②肝苦急，急食甘以缓之：句出《素问·脏气法时论》，意思是说，肝气急亢之病，宜用甘缓之药治疗。③上行：指肝气畅顺的意思。④下行：指肝气郁逆的意思。

【译注】 《素问》关于五脏苦欲补泻的学说中，曾有“肝苦急，急食甘以缓之”的说法，认为肝气亢盛而中气虚者，治疗上宜用甘缓的药物，既可和缓肝气，又能培补脾土。因肝为藏血之脏，体阴而用阳，号称“将军之官”，性喜畅顺条达。若肝气失于疏泄，便见性情急躁善怒。所以肝气常宜舒畅为顺，而怫郁为逆。如果肝气郁结化火而动，则肝的各种病变就发生了。

若是肝郁化火上扰清阳，则觉头目眩晕、耳鸣，或眼目红赤；胸胁部为肝之经脉循行之所，故肝郁而火动于中，则有胸满胁痛；倘使火郁而犯胃，则胃气失和而作嗳气吞酸；少腹部位为肝脉所系，故肝气下逆，则少腹可发疝气疼痛，或者出现小便不利；肝与胆相为表里，若肝气郁而化火，从少阳外发，则表现为寒热往来，似疟非疟的现象。为什么会出现上述肝病的各种不同症状？难道不都是由肝气有转结所引起的吗？

【原文2】 而肝木之所以郁者，其说有二：一为土虚不能升木①也；一为血少不能养肝也。盖肝为木气，全赖土以滋培水以灌溉。若中气虚，则九地不升②。而木因之郁，阴血少，则木无水润，而肝遂以枯。

【词解】 ①土虚不能升木：土，指脾土。木，指肝木。全句意思是说，脾土虚弱，不能将一定的营养物质滋升以荣肝木。②九地不升：九地，指下陷的土地。全句意思是，下陷的脾气不能升腾上荣肝木。

【译注】 为什么会引起肝郁之证？其说法主要有两个：一是认为由于脾土虚弱，运化功能失健，一定的营养物质不能滋升以荣肝木而引起。因脾为生化之源，其气主升，有吸收、输布营养之功能。故脾土健旺，升运正常，肝木就能从中获得濡养。肝脏之性，犹如树木之特性，全靠肥沃之土质，足够之水分，得到滋灌培育，才能枝盛叶茂，欣欣向荣。假使脾土虚弱，生化之源匮乏，肝木缺其所养，就会失却条达舒荣，发生气郁不畅而为病；又认为肝是藏血之脏与肾同源，阴血充沛，肝木就见荣盛，如果阴血虚少，肝体失其润养，肝木枯虚，因之气郁阳亢而为病。

【原文3】 方用白术、茯苓等者，助土德①以升木也。当归、芍药者，益营血以养肝也。丹皮解热于中，草、栀清火于下，独柴胡一味，一以厥阴报使，一以升发诸阳。经云：木郁则达之②，柴胡其要矣。

【词解】 ①土德：土，指脾土；德，指德性，即性能。意思是说脾的运化和主升喜燥的性能。②木郁则达之：句出《素问·六元正纪大论》。全句意思是，肝气郁结，治疗宜用疏解的方法。

【译注】 本方用白术和茯苓的意义，主要是培补脾土，助长脾气的升运功能，以荣肝木，这就是治疗上一般所称的“培土荣木”的方法。当归与芍药相配，取其补益营血的作用，以滋养肝体，此为“养血和肝”的方法。本方如果加入丹皮、山栀二味药，即名为丹栀逍遥散，能增强清泻肝热的作用，因为丹皮能清解肝热，甘草、山栀可清泻郁火，故用于肝郁化火之证最为适宜。本方独用柴胡为主药，其意义可有两个方面：一是入厥阴肝经，能起引经报

使的效用；一是疏肝解郁，以升发肝木之生气。方中用柴胡作为要药，正体现了《素问》中“木郁则达之”的治疗法则。

【选释提要】

①指出肝的生理特性：“肝性急善怒，其气上行则顺，下行则郁”；②叙述肝郁的两个主要原因，认为“一为土虚不能升木；一为血少不能养肝”；③阐明肝郁证的各种临床表现及“木郁则达之”“肝苦急，急食甘以缓之”的治疗法则；④分析了本方“助土德以升木”“益营血以养肝”的配伍原理，并着重说明以柴胡为主药的意义。

二、炙甘草汤（《伤寒论》）

【组成】 炙甘草、生地黄、麦冬、人参、桂枝、生姜、大枣、阿胶、麻仁。另加清酒，久煎温服。

【主治】 ①气虚血少所致脉结代，心动悸，短气，舌光少苔。②虚劳肺痿，咳嗽，短气，心悸，身体瘦弱，盗汗，失眠，咽干舌燥，大便干，脉虚数。

【原文】 喻嘉言[①]曰：按此汤仲景伤寒门治邪少虚多，脉结代，心动悸[②]之圣方[③]也。一名“复脉汤”。《千金翼》[④]用之以治虚劳[⑤]，《外台》[⑥]用之以治肺痿[⑦]。然本方所治，亦何止于二病，仲景诸方，为生心之化裁，亦若是而已矣。《外台》所取，在于益肺气之虚，润肺金之燥。至于桂枝辛热，似有不宜，而不知桂枝能通营卫，致津液。营卫通，津液致，则肺气转输浊沫[⑧]以渐而下，尤为要药。所以云治心中温温液液者[⑨]。

柯韵伯[⑩]曰：仲景于脉弱者，用芍药以滋阴，桂枝以通血，甚则加人参以生脉，未有用地黄、麦冬者，岂以伤寒之法，义重扶阳乎，抑阴无骤补之法与[⑪]？此以心虚脉代结，用生地为君，麦冬为臣，峻补真阴，开后学滋阴之路，地黄、麦冬味虽甘而气大寒，非发陈蕃莠之品[⑫]，必得人参、桂枝以通脉，生姜、大枣以和营，阿胶补血，酸枣安神，甘草之缓，不使速下，清酒[⑬]之猛，捷于上行，内外调和，悸可宁而脉可复矣。酒七升，水八升，只取三升者，久煎之则气不峻，此虚家[⑭]用酒之法，且知地黄、麦冬得酒良。

【词解】 ①喻嘉言：清初医学家，江西南昌人，对祖国医学有一定贡献，著有《尚论篇》《尚论后篇》及《医门法律》等。②脉结代，心动悸：脉结代即是结脉、代脉的统称，两者脉象都有“间歇”，但结脉迟缓而不规则，代脉缓弱而规则，皆主脏气虚衰之证。心动悸，是指患者自觉有心悸的症状，甚则可见虚里穴有“其动应衣”的表现。③圣方：是指很有效验的方。④《千金翼》：即《千金翼方》之简称，唐代孙思邈所著。⑤虚劳：病名，最早见于《金匾要略》，是指气血、脏腑虚损所致的一类疾病。⑥《外台》：即《外台秘要》之简称，唐代王焘所著。⑦肺痿：病名，见于《金匮要略》，是指咳嗽，动则气喘，吐浊唾涎沫，口干咽燥等阴亏肺伤的一类疾病。⑧浊沫：即“浊唾涎沫”之简称，浊唾是指稠痰，涎沫是指稀痰。⑨心中温温液液者：意思是说，心中有摇荡不适感觉。⑩柯韵伯：清初医学家，浙江慈溪人，著有《伤寒来苏集》等，对伤寒六经分证有独特见解。⑪与：即疑问词“欤”。⑫发陈番莠：发陈，是形容阳春季节，草木抽芽，生机勃发；番莠，是形容盛夏季节，草木荣茂，生机旺发。这里总的是说阳气升发，推陈布新的意思。⑬清酒：指陈年的黄酒，因年久酒清，故名清酒。⑭虚家：指久病体虚的患者。

【译注】 喻嘉言说：本方原为主治伤寒病后期，邪少虚多，心营受损，脉气不利，而见脉结代、心动悸的一张要方。因其功效上有“复脉定悸”的特点，所以又有“复脉汤”之称。到了唐代的时候，对本方的使用有了发展，如孙思邈在《千金翼方》中记载治疗“虚劳”，而王焘在《外台秘要》中却用以治“肺痿”。因炙甘草汤具有益气养营、通阳复脉的功效，随着临床实践经验的积累，它的治疗范围也获得进展，所以本方的应用已不限于上述两种病了。张仲景的方剂，其立法制方，化裁变通，都可作为后人的心法，故掌握了它就能灵活应用。本方当然也有同样的意义。《外台秘要》记载，用本方治疗“肺痿涎唾多，心中温温液液者”，乃是取本方有补益肺气、滋润肺燥这方面的功效。至于方中用味辛性热的桂枝，看起来有耗津之偏弊，似乎对“肺痿”欠够妥当。但要知道，本方之所以用桂枝，正因桂枝辛温通阳，有调营卫，化气布津之功。营卫一通，气化一行，津液自然敷布，“肺疾”所见之“浊唾涎沫”，就会随着肺的肃降功能恢复，而逐渐转输下达，而且对“心中温温液液者”亦同样有它的治疗意义。所以说桂枝亦是一味要药。

柯韵伯认为：张仲景在《伤寒论》中，对于脉弱之证，常用芍药滋阴，桂枝通营血。若是脉象虚弱更重的，则加人参益气生脉，而一般都不用地黄和麦冬的。难道伤寒的治法，关键是在着重扶益阳气，还是补阴之法不能骤用呢？因为此是血气不足，脉见结代的心虚证，故本方用生地为主药，麦冬为辅药，重在补益真阴，这实为后人运用滋阴法开拓了一个新的途径。地黄与麦冬，味虽是甘的，而性却是寒凉的，因不属于阳药，故没有温煦长养，升发阳气，散阴推陈的作用，必须配入人参、桂枝以益气通阳而复脉，生姜、大枣调和中焦营卫，而助生化之源。更用阿胶滋阴补血，酸枣仁安神宁志，甘草甘平，既利血气，又缓心之悸动。药中入酒七升，水八升，煎成三升取服者，因为酒性较猛，能捷走善行，有上通下达，调和表里之功用。至于用酒为什么要久煎，其意义可有两方面：首先是通过久煎的方法，可以减弱酒性之猛峻，以防捷行太过，这是针对“脉结代，心动悸”虚体患者的要求而采用的；其次是本方的地黄、麦冬等滋阴药，经用酒久煎后，可减少阴腻凝滞之性，使更能发挥其良好的补养作用，以增强本方功效。

【按语】 本方论作者喻嘉言、柯韵伯是清代名医。他们对本方的论述，主要有以下几点：①指出本方主治的特点是“脉结代，心动悸”。后人通过临床实践，在应用范围上有了扩展；②论述本方配伍原理，特别是指出方中用桂枝和酒的意义；③提出“虚家”用酒宜“久煎”的方法，以减弱酒之猛性。炙甘草汤出自东汉时张仲景的《伤寒论》，原为治伤寒病后期邪少虚多，血气衰少“脉结代，心动悸”的主方。后人通过临床实践，应用范围曾有发展，如孙思邈用之治虚劳，清代叶天士用之治营卫亏损证，吴鞠通化裁运用，发展为“加减复脉汤”，用之治热邪劫阴，液亏阳亢证。近年来，由于中西医结合工作进一步开展，本方使用上又有新的进展，不少临床单位用此治疗心律失常方面的疾病（属虚证者），曾获得一定的疗效。古方新用，使人很有启发。

柯韵伯在论中对本方所用的麻仁改为枣仁，从“心动悸”三字中推测，以为是传写之误，不为无见。唯对甘草的分析，只以为甘草能留中“不使速下”，却未解甘草有“通经脉，利血气”之功效（见陶弘景《名医别录》）。方以“炙甘草”命名，就可见仲景之用意了。目前中医界对本方的看法比较一致，认为甘草当是主药，用量应比一般为大。临床上当灵活应用，偏气虚者，可加大用参之量，或选增黄芪等补气药，偏阳虚者，可适当减少地黄、麦冬、阿胶等滋阴药用量，或稍加桂枝、生姜之量；阴血偏虚，脉带细数舌偏红者，可适当减轻桂枝、生姜用量，或加濡养血脉之药；心血不足，心神失宁者，方中麻仁可改用酸枣仁，大便见溏者，亦宜除去麻仁，加用炒白术等实脾药。至于本方用治肺疾，往往多用于有咳喘、心悸表现者。名老中医岳美中曾运用炙甘草汤治疗一徐姓友人之姐咳喘、涎唾多，心中泛泛恶恶者，服用三剂即愈。可见《外台秘要》所载确是经验。

三、六味地黄丸（《小儿药证直诀》）

【组成】 熟地黄、山茱萸、怀山药、泽泻、丹皮、茯苓。

【主治】 肾精不足，虚火上炎，腰膝萎软，骨热酸痛，足跟痛，小便淋漓或不尽，头目眩晕，耳鸣耳聋，牙齿摇动，手足心热，遗精梦泄，盗汗，消渴，脉沉细而数或尺脉虚大，舌少苔或红。

【原文】 柯韵伯曰：肾虚不能藏精，坎宫之火①无所附而妄行，下无以奉春生之令②，上绝肺金之化源③。地黄禀④甘寒之性，制熟味更厚，是精不足者补之以味也。用以大滋肾阴，填精补髓，壮水之主。以泽泻为使，世或恶其泻肾而去之，不知一阴一阳者，天地之道，一开一合者，动静之机。精者属癸阴水也，静而不走，为肾之体，溺者属壬阳水也，动而不居，为肾之用。是以肾主五液⑤。若阴水不守，则真水不足，阳水不流，则邪水逆行，故君地黄以护封蛰⑥之本，即佐泽泻以疏水道之滞也。然肾虚不补其母，不导其上源⑦，亦无以固封蛰之用。山药凉补，以培癸水⑧之上源，茯苓淡渗，以导壬水⑨之下源；加以山茱萸之酸温，借以收少阳之火，以滋厥阴之液，丹皮辛寒，以清少阴之火，还以奉少阳之气也。滋化源，奉生气，天癸⑩居其所矣。壮水制火⑪，特其一端耳。

【词解】 ①坎宫之火："坎"是卦名之一，属水。为肾的代名。意思即是"肾中之火"，或叫"肾火""肾阳"。意义皆通。②下无以奉春生之令："下"是指肝，因肝居下焦，"奉"是发挥的意思。全句是说，肝木不能发挥像春天那样有生气的功能。③化源：即指人身精气等化生之本源。④禀：即禀受。在这里可理解为"具有"的意思。⑤五液：根据《灵枢·五癃津液别》记载，五液即是"尿、汗、泪、唾、水"。⑥封蛰之本：即指肾，因"肾阴"和"肾阳"皆宜封藏蛰潜，不能妄动妄泻。故肾称封蛰之本。⑦上源：这里是指肺。⑧癸水：癸是十天干之一。从阴阳来分，癸属阴，"癸水"也可叫"阴水"，即是指肾之阴精，或称肾阴。⑨壬水：壬是十天干之一。属于阳，是指肾之浊水，或称"阳水"。⑩天癸：这里是指人体之"阴精"，由肾所主。⑪壮水制火：壮水即是滋阴。全句意思是，用滋阴方法制约上亢之火。

【译注】 肾的功能主要是"藏精"和"主水"，具有"肾阴""肾阳"。为"先天之本"，号称"水火之宅"。在生理状态下，"肾阴"与"肾阳"应宜藏纳潜蛰，故肾又称"封蛰之本"。中医五脏学说认为，肾与肝、肺二脏关系甚为密切，肝阴源于肾阴，肾阴亏乏，可累及肝阴，故有"肝肾同源""肝

肾同治”之说。若肾虚为病，真阴亏耗，“坎宫之火无所依附而妄行”，虚火内炎，则见腰膝酸软，骨热酸痛，足跟隐痛，手足心热，遗精，消渴，或牙齿动摇等。肝属木，位于下焦，性喜条达畅顺，“肾阴”亏乏，肝木失其涵养，“春生之令”不能奉行，肝郁而上亢，则有头目眩晕、耳鸣耳聋盗汗等症。

“肾阴”又名“肾精”，若用天干来代表命名，称作“癸水”。从阴阳来分，属于阴，故又称“阴水”。“肾精”宜静蛰潜藏，不可妄泻亏耗。肾之浊水为溺，以天干代名，称作“壬水”，以阴阳来分，属于阳，故又称“阳水”。人身之“浊水”，宜行不宜伏，应动不应停。肾之“主水”功能正常，则“浊水”动而不停，行而有序，能适时外泄。肾之阴精是肾的本体，肾之“浊水”为肾之代谢产物。如肾精不能内守，则“真阴”就不能充足；肾之“浊水”不得外流，则“浊水”泛逆为邪。上述两者均可发为疾病。所谓“肾主五液”，其意义也就在这里。

本方以地黄为主药，地黄味甘性寒，经蒸制后即为熟地，其性味更加甘厚，具有大滋肾阴、填补精髓、养护“封蛰之本”的作用。这是根据“壮水之主”原则和“精不足者补之以味”的治法而选用的；同时以甘淡之泽泻相配伍，以防水道壅滞，而利“浊水”疏通。然而在某些医家的见解中，认为泽泻“泻而不补”，因而去之忌用，但不知熟地配泽泻，补中有泻，泻中有补，一动一静，一开一合，正符合药物配伍上阴阳相守之法则。然肺为“水之上源”，属肾之母，如果子虚不补其母，即肾虚不补其肺，或不疏导其上源，那么“封蛰”之作用亦不能巩固。所以取用山药滋阴益精，以培补“癸水”之上源；茯苓淡渗利水，以疏导“壬水”之下源。因肝胆互为表里，肝阴不足，胆火易动，故用酸温之山萸肉，既滋养“厥阴”（肝脏）之液，又敛息少阳（胆腑）之火，再用辛寒之丹皮相配，以清泻少阴之浮火，而发挥少阳之生气。总之，本方以养阴之品补益肾阴，更配用滋养化源，奉养生气之物，尽其相辅相成之义，因而“真阴”有补，“天癸”得以安居其位。此就是“壮水制火”治则的独特之点。

【按语】 方论作者柯韵伯，对本方着重论述了如下几点：①提出“肾虚不能藏精，坎宫之火无所依附而妄行”的论点，指出“肾阴”与“肾阳”必须相制相守；②分析本方立法依据是“壮水制火”；③指出肺、肝两脏与肾的密切关系，认为肾虚之病可导致上绝“化源”，下失“春生之令”；④阐明本方的配伍特点是“一开一合”，有动有静。近些年来，对六味地黄丸的应用范围有了发展，如应用于慢性肾炎、慢性青光眼、视神经炎、中心性视网膜炎、高血压、糖尿病、肺结核、艾迪生病及神经衰弱等慢性消耗性疾患，已有较多的报道。笔者过去用本方治疗一例脑动脉硬化引起的肢颤患者，曾获得显著的效果。据有关资料表明，本方除对上述疾病有效外，还具有一定的抗癌作用，引起了对其研究的重视。

四、桂枝汤（《伤寒论》）

【组成】 桂枝、芍药、甘草、生姜、大枣。

【主治】 风寒在表，脉浮弱，自汗出，头痛发热，恶风恶寒，鼻鸣干呕等；自汗盗汗、虚疟虚痢最宜。

【原文】 柯韵伯曰：此方为仲景群方之冠，乃滋阴和阳，解肌发汗，调和营卫之第一方也。凡中风、伤寒、杂症，脉浮弱，汗自出，而表不解者，咸得而主之；其他但见一二证即是，不必悉具[①]矣。桂枝赤色通心，温能散寒，甘能益气生血，辛能发散外邪，内辅君主[②]，发阳气而为汗。故麻、葛、青龙[③]，凡发汗剂咸用之，惟桂枝汤不可用麻黄，而麻黄汤不可无桂枝也。本方皆辛甘发散，惟芍药之酸寒，益阴敛血，内和营气，故能止汗。先辈言无汗不得用桂枝者，正以中有芍药能止汗也。芍药之功在于止烦，烦止汗亦止，故反烦、更烦与心悸而烦者，咸赖[④]之。若倍加芍药，即建中之剂，而非复发汗之剂矣。是剂也，用桂枝发汗，芍药止汗，生姜之辛佐桂枝以解肌，大枣之甘佐芍药以和里，桂芍之相须，姜枣之相得，阳表阴里，并行而不悖[⑤]，是刚柔相济以为和也。甘草甘平，有安内攘外之能，用以调和气血者，即以调和表里，以调和诸药矣。而精义又在啜[⑥]热稀粥以助药力，盖谷气[⑦]内充，则邪不复入，而啜粥以继药之后，则余邪不复留。复方之妙用又如此。要知此方专治表虚，能解肌，以发营中之汗，而不能开皮毛之窍，以出卫分之邪。故汗不出者，是麻黄证，脉浮紧者，是麻黄脉，即不得与桂枝汤矣。然初起无汗，当用麻黄发汗，如汗解后复烦，即脉浮数者，不得更与麻黄，而用桂枝。如下后脉仍浮，气上冲，与下利止而身痛不休者，皆用此解外，何故？盖此时表虽不解，腠理已疏，邪不在皮毛而在肌肉，故脉证虽同麻黄，而主治当属桂枝也。粗工[⑧]妄谓桂枝汤专治中风，不治伤寒，使人疑而不用。不知此汤以治自汗、盗汗、虚疟、虚痢，随手而愈。因知仲景方可通治百病。后人遇一症，便集百方以眩[⑨]人，使人无下手处，岂不陋[⑩]哉。

【词解】①悉具：完全具备的意思。②君主：即“君主之官”，指的是心。③麻、葛、青龙：指的是麻黄汤、葛根汤、大青龙汤、小青龙汤。④赖：依赖，即依靠的意思。⑤悖：即违背的意思。⑥啜：即饮的意思。⑦谷气：即“五谷之精气”，系饮食所化，能助益脏腑之真气。⑧粗工：指缺乏理论和经验的医者。⑨眩：迷惑的意思。⑩陋：少见识的意思。

【译注】柯韵伯说：桂枝汤为益阴和阳，解肌发汗，调和营卫的第一方，故可称为“仲景群方之冠”。凡属中风、伤寒、或杂症，若见脉浮弱，汗自出，表虚而邪不解，或营卫不和者，均可应用。除主证外，其他见证不必全备，但见一二证即适用。方中之桂枝，辛甘而温，其色红赤，入心通营，益卫气和营血，外能发散肌表寒邪，内可辅助“君主”，温发阳气而为汗。所以在麻黄汤、葛根汤及大小青龙汤等发汗剂中，都有桂枝。桂枝汤不可用麻黄，而麻黄汤不可无桂枝之配伍，因前者主要在于和营卫，后者重点在于发汗。本方所用之药物，皆属辛甘发散之品，其中惟芍药性味酸寒，能益阴敛血，内和营气，所以有止汗之功。先人有认为无汗不得用桂枝者，正是指桂枝汤中的芍药能止汗而言。由于芍药能敛阴，故有止烦之功，而烦止汗亦止，所以发汗后出现反烦、更烦或心悸而烦者用此，皆靠芍药的效用。如果桂枝汤倍用芍药，即为小建中汤，而不再属于发表剂了。本方用桂枝发汗，芍药止汗，生姜之辛散佐桂枝以解肌，大枣之甘补助芍药以和里，桂枝与芍药相配，生姜与大枣同用，一阳一阴，一表一里，有散有敛，刚柔相济，相反相成以和营卫。更用味甘性平之甘草，有扶正安内，祛邪攘外作用，既可益气血和表里，又能调和诸药。而其精义之处，又在药后啜热稀粥以助药力。因为谷气内充，正气得扶，则邪不能复入，不致余邪停留。复方配伍之妙用又在这里。要知道桂枝汤专治表虚证，功能解肌，善发营中之邪，却不能开皮毛之窍，而出卫分之邪。表证汗不出，脉浮紧者，是麻黄汤脉证，初起当用麻黄汤发汗，不得用桂枝汤，如发汗后复见烦，即使脉浮数者，也不能再用麻黄汤，而应该用桂枝汤。若见下后脉仍浮，气上冲动，若下利虽止而身痛不休者，皆宜用桂枝汤解外邪，这是什么道理呢？因上述之证，表虽不解，然其腠理已虚疏，邪已不在皮毛而进之在肌肉，故脉证虽和麻黄汤证有相同之处，而其证性质和主治已转属桂枝汤了。缺乏理论经验的医者，误认为桂枝汤专治中风，不治伤寒，甚至妄言惑医，造成疑惧，使人畏而不敢使用。然本方不仅可治外感证，而且还能用治自汗、盗汗、虚疟、虚痢等，效果显著，常可随手见愈。由此可知，张仲景的不少方剂，得其要妙，可以通治多种疾病。后世有的医

者遇一症，便汇集很多方剂，以此眩惑于人，那知方越多，选用上越觉得无从下手，这岂不是浅陋之举。

【按语】 考仲景方共二百余首，内含桂枝汤者，有六十方左右，张仲景对桂枝汤，不仅用于外感风寒表虚证，且大量用于内科杂病，它具有调和营卫、燮理阴阳之功，故不仅能解表，且能和营。自“桂枝下咽，阳盛则毙”之说后，造成后世不少医家不敢使用之错觉。因此，柯氏之论，颇能发人深省。

五、麻黄汤（《伤寒论》）

【组成】 麻黄、桂枝、杏仁、甘草。

【主治】 太阳风寒在表，头项强痛发热，身痛腰痛，骨节痛，恶风寒无汗，胸满而喘，其脉浮紧或浮数者。

【原文】 柯韵伯曰：此为开表逐邪发汗之峻剂也。麻黄中空外直，宛如[①]毛窍骨节，能驱骨节之风寒，悉从毛窍而出，为卫分发散风寒之第一品，桂枝枝条纵横，宛如经别[②]孙络[③]，能入心化液，通经络而出汗，为营分解散风寒之第一品；杏仁为心果，温能助心散寒，苦能入心下气，为逐邪定喘之第一品；甘草甘平，外拒风寒，内和气血，为安内攘外之第一品。饮入于胃，行气于玄府[④]，输精于皮毛，斯毛脉合精[⑤]，而溱溱[⑥]汗出，在表之邪得尽去而不留，痛止喘平，寒热颇解，不须啜粥，而藉汗于谷也。其不用姜枣者，以生姜之性横散于肌，碍麻黄之迅升，大枣之滋腻滞于膈，碍杏仁之速降，此欲急于直达，稍缓则不迅，横散则不峻[⑦]矣。然此为纯阳[⑧]之剂，过于发散，如单刀直入之将，用此却当一战成功，不去则戢[⑨]而招祸，故可一不可再，如汗后不解，便当以桂枝汤代之。若犹流连[⑩]于皮毛，又有桂麻各半[⑪]，麻黄一桂枝二[⑫]之妙用。若阳盛于内而无汗者，又有麻黄杏仁甘草石膏汤，此仲景用之心法也。

【词解】 ①宛如：即相像的意思。②经别：经脉的名称。脉之从经别行而复属于本经者为经别。③孙络：即微细的络脉。④玄府：即皮肤之汗孔。⑤毛脉合精：即皮毛与血脉相通，气血相合的意思。⑥溱溱：形容持续微汗的意思。⑦峻：即药性猛烈的意思。⑧纯阳：指方剂辛温发散作用强烈，故称纯阳。⑨戢：即平息、收敛的意思。⑩流连：即留恋的意思。⑪桂麻各半：即《伤寒论》的桂麻各半汤。⑫麻黄一桂枝二：即《伤寒论》的麻黄一桂枝二汤。

【译注】 柯韵伯说，麻黄汤能开表发汗，散寒逐邪，为作用峻烈的解表剂。

方中之麻黄，外象细直，内形中空，好似人体的毛窍骨节一样，功能驱除骨节的风寒，使邪尽从毛窍外出，所以为发散表卫风寒的首要药物；桂枝为纵横交错的枝条，和人体的经别孙络很相像，其功效能入心和营，温通经脉，化液达汗，为解散营分风寒的主要药物；杏仁似心果，性温味苦，温能散寒，苦能下气，为散表逐邪、宣肺定喘的重要药物；甘草味甘性平，与麻黄相配，能外拒风寒，与桂枝为伍，可内和气血，故为安内攘外，护正御邪的必要药物。本方饮用入胃，药气即随气血运行输布，因皮毛与血脉相通，气血相合，故药后玄府得开。在表之邪，则随汗出而解，邪去正安，寒热即退，身痛自止，喘满自平。因本方具有直接发汗平喘的特点，故不像桂枝汤那样，需要借助谷气而为汗，所以在服用时不必啜粥。至于方中可否用生姜、大枣？因生姜虽有发散之力，然性擅横散走肌，则与麻黄之速升直发不同，大枣甘补滋腻，易使气机泥滞，胸膈失舒，则与杏仁之速降欠合。由于本方特性在于急速直达，故横散之生姜，滋腻之大枣，均不符峻发速降之要求。应该知道，此方性属纯阳之剂，用此当宜汗解功成则止，所以服用时不可连续过剂，否则，过于发散，有如单刀直入之猛，将势必邪去正伤而招祸。假如发汗后表未尽解，就应当用桂枝汤代之继解余邪。若发汗后邪仍流连于表而不解，则又有桂麻各半汤、麻黄一桂枝二汤之灵活妙用，以轻汗散邪。如果阳盛热郁而无汗者，又有麻黄杏仁甘草石膏汤之运用。此均属张仲景辨证论治所用之法则。

【按语】 麻黄汤为仲景《伤寒论》主治外感风寒表实证的要方，有祛寒邪、开腠理、宣肺定喘之功，作用峻烈，临床上用之得法，往往一剂汗解，邪去正安。张仲景对麻黄汤曾提出九条禁例，概言之，不外乎里虚、中寒、津亏、血少几方面，所以凡属虚人，应用本方尚宜审慎为是。本方可衍化成不少类方。因此麻黄汤又可看作一个基础方。这样才有利于临床运用。

六、小柴胡汤（《伤寒论》）

【组成】 柴胡、黄芩、人参、半夏、甘草、生姜、大枣。

【主治】 伤寒五六日，中风往来寒热，胸胁苦满，不欲饮食，心烦喜呕，或胸中烦而不呕，或渴，或腹中痛，或胁下痞硬，或心下悸，小便不利，或不渴，身有微热，或咳者。

【原文】 程郊倩[①]曰：方以小柴胡名者，配乎少阳而取义。至于制方之旨及加减法，则所云“上焦得通，津液得下，胃气因和”尽之矣。何则？少阳脉循胁肋，在腹阳背阴两歧[②]间，在表之邪欲入里为里气[③]所拒[④]，故寒往而热来，表里相拒，而留于歧分[⑤]，故胸胁苦满，神识以拒而昏困，故嘿嘿[⑥]；木受邪则妨土，故不欲食，胆为阳木[⑦]而居清道[⑧]，为邪所郁，火无从泻，逼炎心分，故心烦；清气郁而为浊，则成痰滞，故喜呕；呕则木火两舒，故喜之也。此则少阳定有之症。其余或之云者，以少阳在人身为游部[⑨]，凡表里经络之罅[⑩]，皆能随其虚而见之，不定之邪也。据症皆是太阳经中所有者，特以五六日上见，故属之少阳。半表半里兼而有之，方是小柴胡证。方中柴胡以疏木，使半表之邪为之外，黄芩清火，使半里之邪为之内彻；半夏能开结痰，豁浊气以还清，人参能补久虚，滋肺金以融木；甘草和之，而更加姜枣助少阳生发之气，使邪无内向也。至若烦而不呕者，火成燥实而逼胸，故去人参半夏，加栝楼实。渴者燥已耗液而逼肺，故去半夏加栝楼根。腹中痛木气散入土中，胃阳受困，故去黄芩以安土，加芍药以取木。胁下痞硬者，邪既留则木气实，故去大枣之甘而缓，加牡蛎之咸而软也。心下悸，小便不利者，土被侵则木气逆，故去黄芩之苦而伐[⑪]，加茯苓之淡而渗也。不渴身有微热者，半表之寒尚滞于肌，故去人参加桂枝以解之。咳者半表之寒凑入于肺，故去参枣加五味子，易生姜为干姜以温之；虽肺寒不减黄芩，恐木寡于畏也。总之邪在少阳，是表寒里热两邪不得升之故。小柴胡之治，所谓升降浮沉，则顺之也。

【词解】 ①程郊倩：清代新安人，著有《伤寒论后条辨》《医径句测》等著作。②两歧：歧，分歧。两歧，指腹背两侧之间。③里气：指正气。④拒：格拒。⑤歧分：指半表半里之间。⑥嘿嘿：通默默。默静之义。⑦胆为阳木：肝胆皆属木，五脏为阴，六腑为阳，胆为阳腑，故称胆为阳木。⑧清道：即胆腑，因胆称为“中清之腑”。⑨游部：不在表也不在里，而在半表半里之间。⑩罅：间隙。⑪伐：克伐。

【译注】 本方为什么以“小柴胡”命名？因此方有和解少阳之功，而其主药柴胡，能透泻少阳之邪，故以柴胡配义少阳而为方名。其所以称“小”者，意在与“大柴胡汤”相对而言。关于本方立法要旨及加减意义，概括言之，正如《伤寒论》所说：“上焦得通，津液得下，胃气因和。”是什么道理呢？因小柴胡汤既能和解少阳半表半里之邪，又能通达上焦气机，上焦得通，津液输布，或得微汗而邪解，或得津液而胃气自和。表里上下得和，则病自解。由于少阳位居半表半里，其经脉循行于胁肋，即在腹之阳、背之阴两侧的交界间。所以在表之邪欲侵入于里，当在里之正气与之抗拒，邪正相争，则见

寒热往来；邪留少阳，影响其经脉之气，则有胸胁苦满之感，邪正相格，神识受困，故有嘿嘿之状，且肝胆互为表里，胆属阳木，为清净之腑，若为邪郁失疏，而火炎逼心，则生心烦，如妨及脾胃，便见不欲饮食，或脾失升清，郁而成痰浊，或胃失和降，逆而喜呕。因呕则火郁得泻，木气得疏，两者有舒，所以为喜。以上都是少阳必属之证。另外为什么还有或然证呢？因少阳居于半表半里，为人身开合之枢机，有“游部”之称，凡表里经络各个间隙，少阳之邪，皆能因其虚而随之为患，故可出现或然证。这些或然证，太阳病中皆能见到，而《伤寒论》中为什么特地指出以五六日上出现呢？这说明“伤寒五六日”，已转属少阳，为邪在半表半里相争中兼见之证，所以皆属小柴胡汤证。方中柴胡味苦微寒，能泻少阳半表之邪，从外透解。黄芩苦寒，能清泻少阳半里之邪从内彻解。半夏辛温，燥湿和胃，能开痰结，散浊气，还复中焦清气。人参甘温，益气补虚，能滋益肺金之气。更以甘平之甘草相调和，以融和少阳之性，再加辛温之生姜，配以甘补之大枣调理中焦营卫，以助少阳生发之气。使邪无从内传，诸药相配，共奏和解少阳之功。若胸中烦而不呕者，乃邪热聚实逼于胸肠而不上逆，胸膈有热则不宜甘温大补，不见呕则不必和胃，故去补气之人参，温燥之半夏，加栝楼实以除热荡实。若口渴者，为气燥液伤，肺津不布，故亦除半夏，加栝楼根以清热生津。腹中疼痛者，乃木气疏散太过，中阳受困，故去苦寒伤阳之黄芩，以安土气，加芍药敛木，以缓急止痛。胁下痞硬者，邪留聚少阳成实，木气失舒，故去甘而壅气之大枣，加咸而软坚之牡蛎。王好古曾说：“牡蛎以柴胡引之，能去胁下痞也。”心下悸，小便不利者，乃土气被侵，水气失制而上逆，蓄而不行，停于心下，故去苦寒伐气之黄芩，加淡渗利水之茯苓，以行水气而定心悸。不渴身有微热者，因半表之寒尚困滞于肌腠，故去滋补碍邪之人参，加辛温散肌之桂枝以解表邪。咳者，是半表之寒邪犯肺而气逆，故去壅气之人参、大枣，易生姜为干姜以温肺，加五味子以敛逆气，虽有肺寒而不减黄芩者，因木失黄芩清泻之畏，恐有火升刑肺之害，故乃用黄芩以制邪。总的讲，邪犯少阳，是由于表寒里热，两相郁结不得升透的结果。小柴胡汤的治疗作用，主要是顺其“升降浮沉”之机，因势利导而和之。

【按语】 小柴胡汤为《伤寒论》方，在临床应用颇为广泛，除主治外感病少阳证外，其他如疟疾、黄疸、妇人产后、经期、伤寒热入血室等见有少阳证者，皆可灵活运用，近年来有不少资料表明，运用本方治疗急、慢性胆囊炎，传染性肝炎，肠伤寒及肋间神经痛等，均取得较满意的疗效。

第二节 用药心法贯珠

用药之法最重要在于“识药性、知药理”，而要达到这个目的，一般而言，需经历以下几个方面的学习与体会。

（1）从历代本草主治中初步建立对药物的认识。

（2）以历代方剂的主治进行互参。

（3）效仿时代较近的医家经验，深入了解药物在某一方的具体应用，以此切入临床用药。

（4）再通过总结自身的临床用药经验，深化药性药理的认识。

（5）最后对照现代的研究，加深理解。

下面，以魏老师用僵蚕与蝉蜕退流感高热为例，展示了从“识药”到“达药”的大体经过。

一、理解本草记载

僵蚕和蝉蜕应用于临床已有悠久的历史，早在《神农本草经》和《名医别录》中就用僵蚕、蝉蜕治疗“小儿惊痫”，并提出僵蚕外用可以“疗肿拔根极效”“灭诸疮瘢痕”，治“男子阴疡病”；内服可疗“女子崩中赤白”“产后腹痛”诸症。蝉蜕治“妇人生子不下”“久痢”。唐时甄权的《药性本草》认为僵蚕能治口噤，发汗，蝉蜕用于小儿壮热惊痫、止渴。宋代苏颂的《本草图经》认为僵蚕能疗“中风喉痹欲绝，下喉立愈”；寇宗奭的《本草衍义》谓蝉蜕“除目昏障翳，治小儿疮疹出不快甚良”；明代李时珍的《本草纲目》对僵蚕和蝉蜕的应用范围，在总结前人经验的基础上，更有了进展，认为僵蚕“散风痰结核，瘰疬、头风、风虫齿痛、皮肤风疮、丹毒作痒、痰疟癥结、妇人乳汁不行、崩中漏下、小儿疮蚀鳞体，一切金疮疔肿风痔”。蝉蜕“治头风眩运，皮肤风热，痘疹作痒，破伤风及疔肿毒疮，大人失音，小儿噤风天吊，惊哭夜啼，阴肿”等。

二、方剂主治互参

（1）单用。孙思邈的《千金要方》中，应用僵蚕的方剂就有 20 多首，用蝉蜕的方剂也有多则。如治白漏不绝的马蹄屑汤、马蹄丸、龙齿散、云母

川芎散等，都应用到僵蚕。治小儿五惊夜啼的龙角丸等，即有蝉蜕的使用。

（2）合用。对于僵蚕、蝉蜕两味药合用于方剂的，在宋以前的方书中，尚难找到。宋以后，蚕、蝉配合构成的方剂形成了，如《太平惠民和剂局方》中的消风散，就有蚕、蝉配伍，主治“皮肤顽麻、瘙痒瘾疹及诸风上攻，头目昏痛，肢体烦疼，鼻塞流涕”等症。在《洪氏集验方》中，以僵蚕、蝉蜕配合外用，主治外风入疮口肿毒。金元时期罗天益的《卫生宝鉴》，也在人参消风散方中，配用了僵蚕、蝉蜕。明代龚信在《古今医鉴》中曾介绍了当时太医院方“丑宝丸”，亦有僵蚕、蝉蜕，主治一切怔忡痫痓难状之疾。

三、合用僵蚕、蝉蜕治疗温病的启发

至清代，温病学家杨栗山临床应用僵蚕、蝉蜕具有独特的经验。他认为“僵蚕味辛苦，气薄，喜燥恶湿，得天地清化之气，轻浮而升，能胜风除湿，清热解郁”，可“散逆浊之痰，辟一切怫郁之邪气”“蝉衣气寒无毒，味咸且甘，为清虚之品，能祛风而胜湿，涤热而解毒”。杨氏在《寒温条辨》中，以僵蚕、蝉蜕结合使用，作为治疗温病的必需之品。在他治疗温病的46个主要方中，以僵蚕、蝉蜕相配构成的方剂，就有24个之多。

《寒温条辨》指出：“僵蚕、蝉衣以清化之品，除疵疾之气，以解温毒，散肿消郁，清音定喘，使清升浊降，则热解而证自平矣。”由此可见，杨栗山运用僵蚕、蝉蜕治热性病，是有他一定的创见性的。并且，杨栗山对温热病应用僵蚕、蝉蜕的经验，是值得我们重视和发掘的，应该通过临床实践，给予肯定。

四、“识药”小结与补充

僵蚕为蚕蛾科家蚕自然感染白僵菌而发病僵死的虫体。蝉蜕为蝉科黑蚱的老熟的若虫所脱下的壳皮。近代中药学认为僵蚕具有息风解痉、疏散风热、化痰散结的功效，常应用于惊痫抽搐、咽喉肿痛、头痛目赤、风疹瘙痒及瘰疬结核等。蝉蜕有散风热、定惊痫、利咽喉、退目翳作用，主治外感风热、风瘙瘾疹、麻疹不透、肺热音哑、咽喉肿痛、目赤肿痛、翳膜遮睛及小儿惊痫、夜啼、破伤风等。

现代药理研究初步表明：僵蚕含有脂肪和蛋白质，该蛋白质有刺激肾上腺皮质的作用，且其具有解热、抗惊厥和祛痰等作用。目前有白僵菌液治疗高胆固醇血症的应用，其对流行性腮腺炎、上呼吸道感染、慢性支气管炎、流行性乙型脑炎、癫痫、颈淋巴结核等也有一定的作用。蝉蜕的主要成分为甲壳质，其能降低横纹肌紧张度，又能减弱反射反应，并有神经节阻断作用。有解热、镇静、镇痉的功效。目前对蝉蜕的应用有抗心绞痛、慢性肾炎去蛋白、治疗过敏性皮肤病等。有关资料证明，僵蚕和蝉蜕均能解热，是否两药结合，更能增强退热的作用，适用于流感高热病，尚待进一步研究。因积累的临床资料有限，缺乏对照观察，仅将一得之见，供诸参考。

五、用药心法贯珠

从文献记载到临床用药，绝不是一蹴而就的，需要经历一个循序渐进的过程。一般而言，是“先有药，后有方”，方剂是基于本草理论上药物的配伍应用。因此，无论是在学习单味药，还是药对、方剂的使用时，在开始时，都应掌握好本草学的基础知识，再由本草学逐渐深入到对药性药理的认识。

从某种程度而言，方剂是经历历史沉淀后，所保留下来的成熟的用药配伍经验，是古人医案的一种流传形式，且是成功使用本草学理论的典范，具有较高的学习与研究价值。通过历代名方的研究，可以对药物的临床使用建立起初步的了解。

经历上述两步学习后，接下来便要开始进入临床使用阶段了。这个阶段的进入，较好的方式是寻找一个具体的病症作为切入点。以蝉蜕、僵蚕为例，它们在现代临床高热病上的应用，其实是从杨栗山治疗的温病上过渡而来的。这个过渡过程中需要注意的是，通过前人的临床经验，最大程度地了解疾病的临床表现，即用药指征。而这个“前人”，最好具有成功的用药（蚕、蝉）经验和理论及较短的历史间隔时间。尤其是后者，较近的年代能减少很多差异，如文字含义、人群体质等影响认识临床表现的主要因素。

做完了前面几个步骤，接下来能做的便是细心地辨证，准确地施治，最后等待治疗的结果，并认真地进行总结。我们有理由相信，通过不断实践上

述“识药”的过程，最终，时间会带我们走向成熟的“达药”境界。

第三节　方剂教学心悟

方剂学是一门基础学科，为中医教学必修课程之一。根据该学科本身的特点，学习难度较大。要讲究方法、寻求规律。魏老师长期从事方剂学的教学、临床与科研工作，对于如何学习方剂学的问题，曾有以下几点看法。

一、为什么要学习方剂学

方剂学是祖国医学伟大宝库中的一个重要组成部分，为临床各科基础之一。从文献来看，最早有《黄帝内经》所载“十三方”及马王堆三号汉墓出土的《五十二病方》。东汉时，张仲景的《伤寒论》《金匮要略》即载有三百多方，唐代以后专著迭出，孙思邈的《备急千金要方》有五千余方，王焘《外台秘要》则见六千多方。到了宋代，《太平圣惠方》内载一万六千多方，《圣济总录》多达二万余方。明代朱棣主持编纂的《普济方》搜载六万多方。清代以来，方剂续有发展，新方时见。从百位数发展到以万数为单位，有“十万锦方”之称。

方剂学自形成独立的体系后，对临床立法遣方便具有指导意义。它的主要任务是阐明和研究方剂配伍规律及临床运用。通过方剂学的学习，要为今后临床选方用药，加减演化打好基本功。俗话说得好：“心里有汤头，行医勿用愁。”熟悉方剂，临床用药就有法度，不至于杂凑，医疗水平就会提高。懂得了方剂配伍的原理、掌握了规律性的东西后，就能知常达变。所谓“师其法而不泥其方”，即是这个意思。同时在“温故知新”的基础上，创立新方。

二、怎样学习方剂学

方剂学这门课，与中医其他学科有很强的交叉性，在一定意义上具有从基础过渡到临床的桥梁作用。其内容上是以方为单位的，且方与方之间，并不是都一定有连贯，学习时需要强记的东西比较多。所以对初学者来说，困难是免不了的。为了交流经验，有益于相互启发，现提供下列几点学习方法，供参考。

1. 系统入门，按法统方

教材中收入的方剂，都是通过临床反复实践而精选出来的，既体现出各家独特的医疗经验，又反映了用药风格的时代性。方剂学选用的方剂是按治法分类加以系统化的。每一章的大法，便是一个大系统，分类的小法，则是一个小系统。这样就纲明、目列，脉络清楚。所以在学习上，也应该从系统入门，按法统方。例如，学习大系统解表剂一章，首先宜抓住辛温解表、辛凉解表、扶正解表三个小系统，即抓住解表三法。然后按法统方，掌握各法的重点方。如辛温解表一法，主统表寒虚、实两方，即麻黄汤和桂枝汤。这两个重点掌握了，其他五方则是辛温解表的变法变方。至于辛凉解表，扶正解表，也不外乎同样的道理。方剂分类可有多种分法，如按性质功用分类、主治应用分类等，纵横皆可。学方剂运用系统概念，方与法结合，就比较容易记，便于用。

2. 紧抓“四环”，触类旁通

我们常说学方要掌握“四环”，即组成、功效、主治、方义，好像一个链圈上的四个环节，彼此之间，既互相关联，又各具特点。组成是方的基础，以药物为内容，决定着方剂的性质和作用，是属于根本性的一环，功效是药物在方中总体作用的反应，与哪几味药结合运用，就能发挥哪一样作用；主治是方剂应用的目标和范围；而方义则是上述三环的一个集合环，为方中药物主从关系及配伍原理与作用的分析。因此，在学习上，我们可以首先抓住组成，然后推求功效和主治，最后剖析方义。但在复习时，又可从主治或功用着手，推导其他。例如，清燥救肺汤，由桑叶、石膏、麦冬、阿胶、火麻仁、人参、甘草、杏仁、枇杷叶组成。从其药物，我们可以推求出清肺润燥的功用，也可得出身热头痛、干咳无痰、气逆而喘、咽燥口渴、舌干无苔的主治；如以清肺润燥的功用推想，便可知道是治疗燥热伤肺之证。同时可联想起用桑叶、石膏清宣燥热，阿胶、麦冬、麻仁滋燥润肺，枇杷叶、杏仁降泻肺气，等。所以抓住了“四环”，就可从它的内在联系中，相互得到启发，触类旁通。

3. 上挂基础，下联临床

这里的“基础”是什么？主要是指中医学基础和中药学。学习方剂为什么要与它们挂钩呢？因为方剂学的理论体系是同上述“基础”密切相关的。从学科的性质上看，它属于基础课，但从实践上看，又与临床关系非常紧密。若从一个方的整体看，其本身又包含着理、法、方、药四部分内容。所以在一定意义上讲，它具有基础与临床之间的中介性质。因此在学习中，能将中医基础理论与中药基本知识相结合，对学好方剂学有着极大意义。比如要分析麻黄汤的组成，就得知道麻黄的发汗宣肺、桂枝的解肌通阳、杏仁的止咳平喘、甘草和药等性味功用。若离开中药的基本知识、就不可能了解它的配伍意义，要分析功用、主治，就需要懂得肺与肌表的生理、病理等基础理论，否则，便不知其所以然。

学方的目的，主要是为了临床灵活运用打基本功，除了“上挂基础”外，联系临床实际知识亦很必要。如联系古今典型医案、追溯原书论述，结合门诊抄方。学用结合，可以巩固知识，提高效果。如药味加减，药量出入、配伍宜忌、应用范围等灵活性，可从中汲取经验，使理论与实际知识能得到更好的统一。前人认为“学方固难，用方更难”。从学方到用方，别无捷径，唯有联系临床。

4. 前后对比，区别异同

学习方剂学，将前后章有共同点的方，采取对比的方法，能够帮助理解，加深印象。如祛痰剂中的苓甘五味姜辛汤与解表剂小青龙汤，两方在组成上有四味药相同；功效上温肺化饮相同；主治上寒饮停肺，引起咳、喘、痰多稀白，苔白滑相同。两方虽不属同类方，系统不一，但有可比性。运用对比方法，区别异同，就能很好掌握两方的实质。

在同类方中，也同样如此。例如，和解剂中的小柴胡汤与蒿芩清胆汤是和解少阳的同类方。两者功效同是和解少阳，疏达气机，主治同是少阳不和证，均有寒热、口苦、呕恶、胸胁症、脉弦、苔白，这是相同点；其不同点是小柴胡汤兼益气扶正，蒿芩清胆汤兼清化湿热，前者是伤寒邪犯少阳经，寒热往来不定，胸胁有苦满，脉象弦而不数，舌一般不红，或见咽干、目眩、默默不欲食等，后者则为少阳热重兼夹痰湿，故寒轻热重，胸胁多胀痛，脉象弦而见数，舌红，苔腻或黄，或呕黄涎而黏，吐酸苦水，脘闷等。两方通过异同比较，印象就深刻了。

5. 抓基础方，执简驭繁

学习方剂，对基础方必须掌握，抓一方可以带多方，能起到执简驭繁的作用。如麻黄汤、白虎汤、二陈汤、平胃散、四君子汤、四物汤、六味丸等。这些都是临床常用的基础方，衍化方亦较多。例如，六味地黄丸一方，加五味子即是“都气丸”，加枸杞子、菊花为杞菊地黄丸，加麦冬、五味子是麦味地黄丸；加知母、黄柏名知柏地黄丸，加磁石、菖蒲、五味子乃耳聋左慈丸，等。从六味地黄丸的衍化方，可以体现出滋养肾阴方的变化规律，如何守常达变，颇有启迪。由此可知，抓住一些基础方，能够以少带多串联许多常用方。

6. 先懂后记，多用联想

学习方剂，单靠理解是不够的，还必须熟记。如果学了方剂学，对一些重点方心中空空无数，那就根本无法谈理解。历来许多老中医，之所以都主张背诵方歌，原因就在这里。对于背诵方歌的问题，目前虽有不同的看法，但是能下功夫背诵一点，好处是明显的，这是学方的传统办法，背熟的方歌，可以终生不忘。歌诀最好是自己编，自己读的东西自己编，容易记得快，记得牢。如果能根据自己生活上的体会，编出形象生动的顺口溜之类的口诀，收效更快。如三仁汤编成“三人（杏仁、白蔻仁、薏苡仁）爬竹（竹叶）朴（厚朴）通（通草）滑（滑石）下（半夏）来”等。以比拟的手法，编成生活中形象的语言，读来可有生动的联想，趣味横生，过后难忘。我们在这里主张要记方、背点方歌，绝不是提倡死记硬背，而是要求大家在全面理解的基础上来背诵。古人曾说：“学而不思则罔，思而不学则殆。”学和思是辨证的，如果没有将一些基本的东西记牢，这个“思”叫它从什么地方来呢？只有“学”没有“思”，等于囫囵吞枣。所以应该先懂后记，在理解的基础上求记忆。否则，即使歌诀读得滚瓜烂熟，脱口而出，在含义上却稀里糊涂，难免会张冠李戴。因为歌诀是有字数限制的，不可能把方中药名都用全称，多数需用缩写方法编入歌诀，若对一个方不先求理解，就很容易发生音同药误之弊。例如，读“小青龙汤桂芍麻，干姜辛草夏味加……”，如果对小青龙汤没有较好的理解，歌诀第一句中的“桂”字，往往会误以“归”字，作“当归”记。我们知道了小青龙汤是解表化饮的，理解其功用，就不会误作“当归”了。所以背方歌一定要先有理解。总之，学任何东西，一些基本的内容、基础的东西，总得记下来，不记牢，要深入理解是有困难的。有了理解的东西，才能帮助和巩固记忆，这两者不能截然分割，是互相联系，互相促进的。所谓“俯而读，仰而思”，就是这个道理。

三、方剂学函授学习杂谈

读书和自学，其本身就是一门学问。要通过不断的实践和在实践中不断摸索，才能最有效地获得知识。常言道：“业精于勤，荒于嬉；行成于思，毁于随。”这个“勤”字，就包含着学习方法的问题，方法正确恰当，往往就能事半功倍，达到“业精”的目的。反之，则会事倍功半，得益不多，自然于业难精。

对于成人学习方剂学来说，尤其是函授，学习中最大的困难，往往是对方剂的组成记忆不牢固。常有一些学员发出方剂记不住的感叹。值得注意的是，要想攻克方剂的组成这一难关，首先不能心急，要知道任何人在学习过程中，都会发生遗忘，这是正常现象，那些传说中的“过目不忘”是非常罕见的。有的学员采取了“短期突击”临时抱佛脚的方法，结果往往记得快，忘得也快。也有极个别有特殊天赋的当然不在此列，但毕竟是普通人多。

读书最怕无所得益，如果一个篇章学了半天，结果心里茫茫一片，不知其然，那是多么令人沮丧。我想较为理想的学习状态，是学一课就有一得，不仅学得扎实，而且学得也生动。

所谓“一课一得”，就是说在学习过程中要有重点有目标，更要讲究效率。对于函授课程的教学内容和要求来说，就是针对普遍性的重点问题来讲授的，但由于每个学员具体情况都不尽相同，往往是每个人都有自己的学习重点和要求。因此，我们提出“一课一得”，就有二层含义：第一层意思，是要求每个学员必须将教材每章的重点内容，切实学习并加以掌握，这是一个比较宏观的要求；第二层意思，就是要求每个学员必须根据自身的实际情况，选择符合自己需要的学习重点。

例如，方剂学课程中，每个章节都有各自的重点方剂，对于重点方剂的组成、功效、主治及方解等内容，是必须掌握的。但从每个具体的方剂来说，每个人学习的侧重点有主次先后之别，掌握的过程也有很大差异。对于函授自学的过程来说，每个人自身需要掌握的重点内容有差异，理解和记忆的程度也不一，但课程进度是统一的，这就要科学地安排和利用时间，在学习中，每个人就应有所侧重地各取所需，不论学习重点有多少，努力争取“一课一得”的学习效果。

就比如这里有100个陌生人，你实足花了8个小时来一一记住他们的姓名。然后时隔半年再相见，到那时候，如果你还能够叫得出其中20个人的名字，那就已经非常不容易了。反之，你今天花几分钟，认识几个人，明天再花几分钟，认识几个人，与此同时还会时不时和先前认识的人打个照面。如此，如果也是隔半年相见，那时你能认出来的人数，恐怕就远远不止20个人了。而你这样做累计花费的时间，将不会超过8个小时。

这种方法，魏老师命名曰“细水长流法”。有心理学家也曾就人的识记能力做过试验，就是让条件相仿的两组受试者识记同一份阅读材料。第一组在一天中，把材料通读了16遍。另一组则把该材料分16天读，每天通读一遍。在读完了规定的次数后，两组各休止两周的时间，然后再分别对这两组受试者进行测试，检查他们记忆的保持情况。

试验结果显示，第一组“急风暴雨式”的记忆，仅记住了材料内容的百分之九，而第二组“细水长流式”的记忆，虽然将记忆材料分散在16天里，每天只读一遍分别记忆，似乎大有遗忘的可能，但这一组却记住了材料内容的百分之七十九。

由此可见，将这种方法迁移到方剂学的学习中来，如果学员苦于方剂的组成记不住，切不要灰心丧气，更不要怨天尤“己”，不妨试着运用“细水长流法”，利用每天零散的碎片时间，见缝插针，零敲碎打地去阅读、记忆，在日积月累中，就会发现自己记住了许多方剂的药物组成。

总之，魏老师认为对于函授自学方剂学的朋友来说，应该一课一得，各人各得，细水长流，涓滴穿石。

第四节　养生食疗杂谈

一、养生杂谈

1. 养生与卫生浅要探讨

养生是中国文化里提出来的概念，比如汉代医家张仲景就曾明确提及“以养其生”。现在普遍都知道卫生是医学行为的方式和目的，却很少去把养生与之联系为一体。

养生和卫生有许多不同，主要体现在实现方式和目标上。养生注重生理功能的发挥，让患者逐渐恢复生理功能，让健康的人加强生理功能。而卫生则更多采取一种对抗的方式，保护认为好的，打击认为不好的，因此，卫生的前提是要区分敌我。

举个例子，在治疗肿瘤方面，养生的思维会更倾向于改善肿瘤患者的生命质量，比如解决疼痛、吃饭、睡觉、大小便等问题。而卫生则更关注肿瘤细胞的有无，其实现方式大多是以“杀敌一千，自损八百”的方式进行的。当然，在肿瘤发展到需要适当遏制的时候，养生思维也会采取攻邪的办法，

但这种通常是留有余地的，《黄帝内经》云：“大积大聚，衰其大半而已。”其目的不在于攻邪，更多在于减轻生理代谢的负担，最终的目的还是为生理服务。而近来卫生领域似乎趋向于“养生”的思维，比如在肿瘤研究中提出了免疫抑制的概念，并且还研究许多能促进免疫功能恢复的方法，这种注重加强生理功能的方法目前越来越被认同，我们也期待有更多的研究成果出现。

养生与卫生体现在医学行为上也就产生了许多的差异。比如在卫生思维里，一定需要找到“敌对”目标，癌细胞、病毒、细菌等，如果找不到那就没有治疗思路；或者找到了，但是没有特效药也不能治疗；或者有时候异常表现的自身细胞组织也可能成为敌对，这个时候也很难治疗。而在养生思维里，首重生理功能的表达，什么是生理功能？生理功能并不注重数据指标的多少（数据指标来源于大数据的抽样调查结果，符不符合与是否生理病理之间，还需要其他的条件才能将二者进行关联），生理功能更注重“功能”的行使，更多用功能的强与弱去区分。由此，养生在医疗行为上主要表现为“把生理功能调整到人体所能接受的程度”。并且，这个程度每个人都有不同，没有统一的标准。如果非要有个标准，那便是个性化的标准，一个人一个标准，而且患者本身就是标准的制定者。如果还非要讲一个标准，那便是随时能调整到平衡状态的能力，用阴阳平衡也好，五行平衡也好，气血平衡也好，乃至于肠道菌群平衡、代谢产物平衡、其他实验室指标的平衡也都可以。

养生与卫生，一字之差，具体应用却有千里之别。

2. 为什么会生病

每天在医院里都有很多疾病无法确诊，也有很多疾病确诊了却无法找到原因，或者没有合适的治疗方法。由此看来，人类对于疾病的研究还存在着许多疑问。到底能否解决生病的问题呢？世界上很多医学工作者一直在寻找答案。本文也从中医自然观、整体观等角度谈谈对这个问题的看法。

为什么会生病？病一定是生出来的，就像种一棵树，种一个蘑菇。生病，需要“种子”“土壤”及其他能够使“种子”成长的条件。对于人而言，居住的环境、饮食、起居、作息、工作等，都是身体所处的环境——它决定了身体能生长什么。有些人很健康，这些人内外的环境肯定很适合气血的生长。《黄帝内经》中也说，东方海滨之地的人多生痈疡之病，多用砭石治疗；西方多风，人的外在形体较强，生病多在内，多用毒药攻里；还有北方、南方，因为所处的环境不一样，所生的病也受此影响。中国文化里也有很多关于环境对人影响的表述，如“近朱者赤，近墨者黑”，还有孟母三迁的故事等。虽然与医学无关，确是说明了同样的道理——环境会影响人，包括会使人生病。

懂得了生病与所处自然环境、社会环境等的关系后，反过来我们也可以利用这个关系去治疗疾病。在笔者身边就有许多因为改变了环境，身体逐渐恢复到健康状态的例子：有因改变饮食习惯，并勤加锻炼而使血糖恢复正常的；有换了工作环境后，甲状腺结节消失的；亦有做了自己喜欢的事情，胆结石减小甚至消失的。不妨我们在生病的时候，适当地改变一下环境，也许能收到意想不到的效果。

二、“吃喝”杂谈

人活着一定离不开吃吃喝喝，同样，疾病的产生也多来自于这一方面，古人讲“病从口入”即是。但人总要通过吃喝来维持生命，于是，如何正确合理地吃喝逐渐成了一门学问。在这里，从生活经验及中医的角度出发，也谈一谈对这方面粗浅的看法。

1. 不时不食

古代的孔子在吃喝上有个观点“不时不食”（《论语·乡党》）。这里不仅包括要按时吃饭，还包含了其他的饮食讲究：①吃当季食品，那么，什么是当季食品？主要而言就是吃自然环境下生长的食物，应少吃或者不吃一些反季节的、转基因的食物。为什么要这么说呢？以“冬吃萝卜夏吃姜”为例，中医认为萝卜具有下气、通便的作用，而冬天“主收藏”，人体的气也是往里、往下走的，此时吃萝卜有利于帮助人体气机的正常运行；反之，生姜辛辣发散，它的气是往上走的，正应了夏天时人体的气机运行规律。如果违背人体的自然规律，不仅人会不舒服，而且也较容易生病。因此，“冬吃萝卜夏吃姜”正是通过“同气相求”的道理，而以食物帮助人体正常功能的运行。②吃饭要有规律，定点、定量。现在很多人工作很忙，常常饿一顿、饱一顿，“早中饭”“中晚饭”的情况经常出现，饮食上很不规律。因此，中国人中的胃病患者越来越多。脾胃是靠养的，治疗胃病不能全靠药物，如果想要有一个健康的胃，建议大家都能按时、按量吃饭，而且要吃主食。据说有很多人，正常吃米饭后反而“减肥”了。

2. 老中医的保温杯

“老中医的保温杯”是个很有趣的现象，几乎很多中医都习惯随身带着保温杯，这样有很多好处。首先，能降低得“痰饮病”的概率。中医有句话，叫“痰生百病”，很多“怪病”在一般方法无法解决的时候，通过从治“痰饮”入手，反而屡建奇功。由此，可见痰饮作病的威力。而很多痰饮病的获得，都与饮用凉水、生水有关。体质稍微敏感一点的人，在饮用凉水后立马会感觉到喉间有痰，而且很难受；但喝温水则不会，反而会觉得不仅解渴，而且很舒服。其中自有很多道理，这里就不再继续展开了，有兴趣的朋友可以继续找找答案。再者，保温杯不仅能泡茶，而且还能泡中药，比如枸杞、参片、甘草等，皆有一定的保健作用；或者类似教师职业，经常讲话，还可以泡点桔梗、胖大海等能利咽喉的中药，能为工作助力不少。

以上总总，旨在分享魏老师在中医、养生、饮食等方面的一些感想，希望能给大家带来一点启发。

第五节　书法散墨赏析

说起魏老师学习书法的经历，要感谢他的启蒙老师徐竹隐先生。正是因为有徐老师对魏老师的喜爱，在课余的时候，魏老师就跟他在当时作为学堂的古庙里学习书法、诵读古文。徐老师经常是手把手、一笔一画地教魏老师书写，比如一个“手”字，他先把所有笔画拆分开一一书写出来给魏老师做示范，然后再把所有笔画整合在一起，每次他写完，都让魏老师照着他的样子写个十几遍，然后把魏老师自认为写得最好的笔画和字与他写的放在一起作比对，让魏老师找出自己书写的“硬伤”，再针对这些问题不断反复练习，直到他看着满意为止。

因为当时的魏老师尚年少贪玩，很难长时间集中注意力，练字又是件比较单调乏味的事情，尤其是徐老师不断让他重复写同一个笔画或字的时候，魏老师常常是写一会儿就走神开小差去了，不是去玩弄周边的树木花草，就是捕捉草丛里的蝴蝶虫儿去了，每当此时，徐老师总是微笑着摇摇头，把他叫回来给他画国画。徐老师画的国画多为丹青，平时是不肯画的，取材多是他走神时玩弄的对象，无论是梅兰竹菊、松柏柳桂等树木花草植被，还是虫鱼鸟兽等小动物，看似不经意的寥寥几笔，就能成画，且颇为生动传神，有跃然纸上之感。魏老师觉得好玩，注意力很快又集中回来，徐老师显然达到了让他收心的目的。魏老师认为当时他只觉得好玩却没能学到老师作画的神韵，随着年龄和阅历的增长，所画之物才逐渐有了一些味道（图 5-1）。

图 5-1　魏老的画作

魏老师一直记得徐老师当年常跟他说，练字、章法和坚持很重要。魏老师一遍遍地写，徐老师就耐心地一次次指导，不厌其烦。那时环境很清静，人心也沉静，这一学就是将近 3 年的光阴。

跟徐老师学习的那段时光让魏老师受益匪浅，在后来跟随李以铡老师学医的时候，因为魏老师书法功底扎实，字迹工整俊秀，每次帮李老师抄方，李老师看着他写的处方总是会赞赏地点点头，平时也对魏老师青睐有加。在那个战乱的年代，也是因为书法，给魏老师生活不小的支持。

1944 年春，魏老师跟随李老师学医还不到一个月，日军与伪军合伙下乡扫荡，大家四散奔逃，慌不择路，在慌乱中魏老师的一只箱子连同里面的衣服及零用钱都被抢走了。

一次偶然的机会，魏老师到住处附近的一个小店（出售日常生活用品、文具，代写书信、红白事帖等文书材料，也代发邮件书信）买东西，恰巧看到小店老板在帮顾客代写婚礼请柬，因为与他相熟，魏老师就一边看他写一边打趣地同他讲："你这请柬上的字儿，我看好像没啥个味道。"老板看看他，说："这么说，你会写的喽？""我当然会写。"说着魏老师就接过老板递过来的笔，顺手写了两幅字，老板拿起来左右端详了一番，连声称赞。

后来，小店老板得知魏老师生活用度遇到了困难，就说帮他想想办法。当时小店老板在当地扇厂有个熟人，为了把扇子卖出去，就想着在扇面上写一些寓意比较好的字句。通过小店老板介绍，扇厂的人答应让魏老师试试，刚开始的时候，魏老师写七个扇面，他们给魏老师一升米作报酬，没想到魏老师写的扇面销量还不错，于是，那段时间每天晚上魏老师都会去店里写扇面。

后来，魏老师写五个扇面就可以换一升米，再往后写三把扇子就可以换一升米，再后来扇子越卖越好，业务也拓展成了按照客户需求订制扇面的文字，诸如跟西湖风景相关的著名诗句等。扇厂的人答应魏老师，每写几把扇子按照一定的金额给魏老师现金作报酬。通过书法，魏老师不仅解决了生活基本用度的问题，渡过了难关，还略有盈余，这也给了他继续习字的动力。平时只要一有时间，魏老师就会写，写得越多，写得就越好，于是写字慢慢成了生活中不可缺少的一部分（图 5-2，图 5-3）。这么多年字儿写下来，魏老师也有了自己的几点体会。

首先，要培养兴趣。兴趣是最好的老师，也是持之以恒的动力，这个兴趣可以是精神上的满足，也可以像魏老师当年那样出于解决生活问题需要，兴趣的来源没有高低，只要能坚持下来，都会化成生活的一部分，变成一种习惯。

其次，要循序渐进，不可急躁。练字的过程，其实也是炼心的过程，如何专心致志，如何沉心静气，在每一笔里，在每个字里，就像当年徐老师手把手教魏老师那样，一笔一画地写，一个一个字地练，写好了还要不断地对比，找出问题，然后再写再练，如此周而复始，慢慢地，人心沉静了，笔下也就有了味道。

最后，要开阔眼界，兼容并蓄，自成章法。练字如处世，眼界要开阔些，不要只盯着手上的笔纸上的字儿，也要多看看人家笔下的字儿，不要只写欧阳家的楷体，柳家的、颜家的甚至是张家的草字儿也可以写写嘛，到后来看得多了，尝试得多了，写着写着就发现，楷书里面也可以带点行书，或者加点隶书的味道，或许再来点“草气”，这样属于自己的章法就慢慢有了，章法很重要，魏老师也是在写了许多年后才慢慢有了自己的章法。

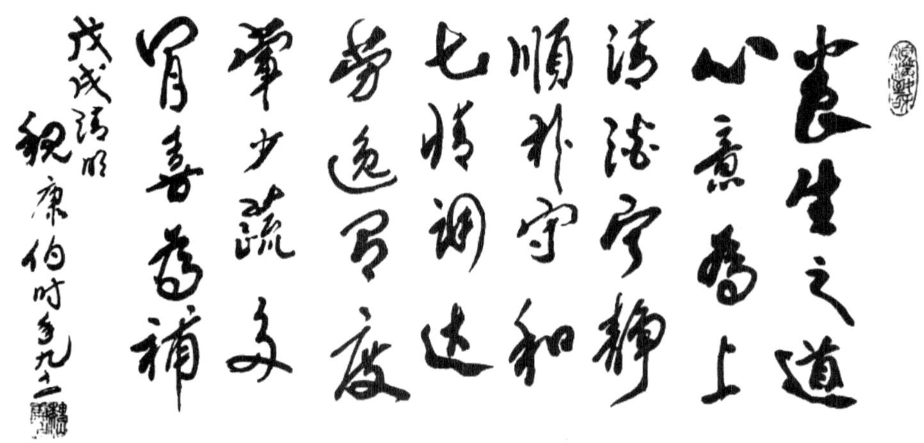

图 5-2　魏老师手书“养生之道”

图 5-3 魏老师手书“清茶淡饭”

第六章

桃李天下

第一节　余冬严专访

余冬严，女，浙江嘉兴人，中医方剂学硕士。1980 年进入浙江中医学院攻读医学学士学位。1985 继续在本校攻读硕士学位。1988 年毕业后留校，任学校基础部方剂教研室讲师。1996 年出国，现定居于美国。

一、从师经历

我是 1985 年 9 月开始攻读硕士研究生的，导师是时任方剂教研室主任的魏康伯老师。研究生期间，我们第一年是学习基础课程，从第二年开始，我便跟随魏老师学习，直到完成论文答辩毕业。在此期间，魏老师为我制定了具有方剂学特色的理论学习，如学习《医方考》等方剂类典籍，深入理解方剂配伍规律。临床实践是跟随魏老师门诊抄方，令我受益颇多。因为魏老师诊治疾病的疗效好，所以看病的患者非常多。上午半天的门诊常由于患者请求加号要延长到 12 点半或下午 1 点钟下班，等到门诊结束了学校食堂也下班了，于是我就常去老师家“蹭饭”。

除了中医理论方面的知识外，老师还指导我学习中药学相关如中药制剂和中药药理等课程内容。老师还让我去杭州胡庆余堂药厂进行为期 1 个月的学习，观摩药物的制作过程，了解中药的制作工艺。药厂学习回来，我还利用学校门诊部的制剂室，制作魏老师精选的无糖型中成药冲剂，如补中益气汤等，便于服用，深受患者喜爱。

我的毕业论文的题目是“血府逐瘀汤对气滞血瘀型高脂血症降脂作用的临床观察与实验研究”，这是根据老师中西医结合和科研临床结合的学术特色的一次具体实践。老师亲自带领并指导我按照统一标准制作了血府逐瘀汤的膏剂，用于对纳入病例进行干预治疗，然后将治疗前后收集到的研究相关的血液标本，统一送到学校分子研究所生化实验室进行相关指标的分析比较，研究成果发表在 1988 年的《中西医结合杂志》上，我还带着这篇成果赴北京参加了当年血瘀证国际会议，进行学术交流。

1988 年研究生毕业后，我留在方剂教研室，担任方剂学课程的讲师。魏老师在教学和临床上继续给予我极大的关怀和指导，一直到我 1996 年出国。

二、心目中的老师

魏老师品德高尚，对待学生视如己出，对待患者如亲人，急病人之所急。我读书的时候，老师知道学校伙食条件一般，就经常带我去他家里改善伙食。师母为人也非常好，待我如女儿一般。魏老师对待患者仁爱有加，常有患者到家中找老师诊治，他常是饭吃一半就去诊病了。那时候医患关系非常融洽，老师常是免费诊病。

老师治学十分严谨，而且非常注重临床实践，用他自己的话说就是“用心”二字。老师善于思考，方剂功底深厚，用方范围广泛，还会融合最新的学科知识进行方剂的创新。无论是经方、时方，老师经常是中西医理论相结合，灵活变通，尤其是治疗脾胃病效如桴鼓，因此也积累了非常多治疗脾胃病的医案。

老师开放包容，乐于教学。在他的门诊，经常可以看到来自世界各地的留学生，只要学生愿意学，他都乐意教，深得各国学生的爱戴。他也经常应邀赴美国、日本等国家讲学、进行学术交流。那是 30 多年以前，老师开放包容的思想在当时的大环境下是非常难得的，我也因此受益良多。

现在我虽然身居海外，只要回国我都会去看望老师。

三、对老师学术思想的传承和发挥

在跟随老师临证的过程中，老师经常将他遣方用药的心得体会与我分享，这对我的影响非常大。在读研究生的第二年，我根据当时跟诊时老师运用半

夏治疗胃病的体会，对半夏配伍止呕机理进行了一些总结和归纳。

半夏，性味辛温，擅治寒饮呕吐等。半夏配伍其他药物后，止呕范围也可以得到进一步的扩充。首先说一说半夏配伍止呕的药对方剂。半夏止呕药对，不是半夏与任意药物的拼凑，而是针对呕吐的病因，再根据相关理论组成的药对。根据半夏与配伍药之间的关系，可分将其为相辅相成与相反相成两大类。

（一）相辅相成配伍

相辅相成配伍中又包括同类相从和异类相使配伍。

1. 同类相从

同类相从配伍指半夏配之药性功效相似的药物，使其药性相得益彰。简要介绍如下。

（1）配生姜，主治寒饮呕吐。半夏、生姜两药性味皆辛温，均有辛散温燥，降逆止呕，和胃化痰之功。其中半夏偏于辛开，能降逆祛痰；生姜偏于宣散，擅散水止呕，历来被誉为“呕家圣药”，两者配伍，一降一散，相得益彰。生姜可制半夏之毒性，故半夏与生姜又属“相畏相杀”的配对。如小半夏汤和生姜半夏汤均由本药对组成，前者重用半夏以燥湿降逆止呕，辅以生姜温化水饮止呕，意在降逆化饮；后者重用生姜汁，意在宣通阳气。

（2）配干姜，主治虚寒呕吐。干姜辛热，温中祛寒止呕，守而不走，与半夏相配则温中之力胜于生姜配半夏，尤擅治阳虚寒凝所致呕吐。如半夏干姜散即以半夏、干姜等分为末而成，治中焦虚寒，胃气不降之“干呕，吐逆，吐涎沫”；再如以干姜、半夏、人参、生姜汁糊为丸的干姜人参半夏丸，可治妇女妊娠期胃寒痰饮呕吐。虽半夏、干姜为妊娠忌服之品，然古人有云：“有故无殒，亦无殒也。”

属同类相从配伍的还有半夏配陈皮，理气和胃降逆，如治湿痰呕吐名方二陈汤；半夏配藿香，芳香化湿降递，如藿香半夏丸，擅治脾胃虚寒痰盛之呕逆证；半夏配丁香，如丁香半夏汤，专治宿寒在胃，呕吐吞酸之证等。

2. 异类相使

异类相使的配伍，是指半夏与药性功效不同的药物相配，而非相反相对，使之相互为用。简要介绍如下。

（1）配厚朴，主治痰气交阻之呕吐。半夏、厚朴皆能燥湿降逆，厚朴长于除满降逆，偏治气滞；半夏长于燥湿止呕，偏治痰湿，两药相使，用于痰气郁结之呕吐。如半夏厚朴汤以半夏、厚朴为主药，辛开苦降，化痰降逆，以治痰气交阻之呃逆呕吐、脘腹胀满、梅核气等病症。

（2）配茯苓，主治痰饮呕吐。茯苓味甘淡，甘能补脾，淡能渗湿，脾健湿渗则痰无所生，饮无所聚。如小半夏加茯苓汤以半夏生姜化痰和胃止呕，加茯苓健脾渗湿，治本澄源，成为治湿痰留饮之主方。

属异类相使配伍的还有半夏配附子，治脾肾阳虚、胃肠寒气凝滞之证，如附子粳米汤治“腹中寒气，雷鸣切痛，胸胁逆满呕吐”之证；半夏配枇杷叶，化痰和胃降逆，如枇杷叶散，定呕利膈；半夏配白术，健脾化湿止呕，如温中白术散，治胃寒呕逆。

（二）相反相成配伍

下面再讲讲相反相成配伍，相反相成是指半夏配与之药性相反相对的药物。一方面利用药物间的监制作用，达到使药性较为平和的目的；另一方面，利用药物的相反相成，达到相互补充、促进而并行不悖的目的。

1. 寒热并用

（1）半夏配黄连，主治湿热呕吐。黄连苦寒，清热燥湿，和胃止呕，配伍半夏，则寒温同用，相反相成，使清热无碍祛湿，燥湿无妨清热。半夏之辛能散能开，黄连之苦能降能泻，合而用之，以治湿热中阻，寒热互结之胸痞呕逆证。此外，张仲景之三泻心汤均有黄连、半夏药对，如半夏泻心汤，以黄芩协黄连之苦寒；以干姜助半夏之辛温，并防芩连寒凝之弊；以参枣草补中益气，使苦寒辛燥而不伤胃气，如此配伍，苦辛相济，补泻相合，寒热并用，升降兼得，中焦乃和，痞满呕逆，肠鸣下利之证遂解。

（2）半夏配石膏，主治胃热湿阻呕吐。石膏辛甘大寒，清肺胃之热，配半夏，则甘寒与辛温为伍，寒温相监，使清热无寒凝之弊，燥湿无助热之虞，用于胃热湿阻，气逆不降之呕恶反胃，或胃热犯肺之喘呕并见证。如竹叶石膏汤以此药对配以麦冬、人参、粳米、甘草养阴益气，治伤寒、温热、暑病之后，余热未清，气阴两伤，呛咳呕逆之证。

属寒热并用者还有半夏配黄芩，如黄芩加半夏汤，治热结于肠，干逆于胃，干呕下利之证；半夏配竹茹，清热化痰止呕，如竹茹汤，治胃热呕吐等。

2. 润燥并行

半夏配麦冬，主治胃阴不足之呕吐。麦冬甘凉质润，半夏辛燥降逆，润燥互济，使半夏降逆祛湿而无燥津之弊，麦冬清热养阴而无滋腻之虑，用于胃阴不足，胃气上逆之证。张景岳之金水六君煎中，半夏配熟地，亦属润燥

互济之法。

3. 消补兼施

半夏配人参，主治气虚津伤之呕吐。人参益气生津，与半夏相伍，则补而不滞，温而不燥，治中气虚弱或气津两伤之呕逆。如大半夏汤，以半夏降逆止呕，人参、白蜜补脾气，养胃阴，并兼制半夏之燥，治疗脾虚阴亏之胃反呕吐。用此药对的还有人参丸治呕吐不下食，人参汤治胃腑虚寒、气逆干呕等。

现代研究表明，半夏止呕的有效成分为水溶性的葡萄糖醛酸衍生物和水溶性苷。半夏及与半夏配伍的某些药物，不同程度地抑制了呕吐反应的不同环节。单味半夏加热炮制或加明矾、姜汁炮制的各种制剂，对阿扑吗啡、洋地黄、硫酸铜引起的呕吐，都有一定的镇吐作用，阿扑吗啡和洋地黄都是通过兴奋化学感受器触发区而引起呕吐，硫酸铜是由于刺激胃肠道黏膜，引起反射性呕吐。由此推知半夏镇吐作用机制为对呕吐中枢的抑制。

综上，半夏配伍他药后，既可用于实证之呕吐，又可用于虚证之呕吐，也可用于虚实夹杂之呕吐。

第二节　王立人专访

王立人，女，浙江人，中医方剂学硕士。1979 年进入浙江中医学院攻读医学学士学位。因品学兼优，1984 年毕业留校，担任学生年级辅导员 2 年，1986 年在本校跟随魏康伯老师攻读硕士学位，成为魏康伯老师培养的最后一名研究生。1989 年毕业后先在本校图书馆做医学情报检索工作 1 年，1991 年任学校基础部方剂教研室讲师，从事方剂学的教学工作，并在浙江中医学院中医门诊部行医。2001 年跨行入认证业，在国内和国际著名的认证公司担任高级审核员、培训主管、制药行业和医疗器械认知产品经理等工作，对医院管理、制药、医疗器械等方面的行业和医疗质量有深入的认知。于 2017 年重新回到浙江中医药大学中医门诊部行医，并接受浙江中医药大学的委托，开始悉心整理和研究魏康伯老师的中医临证经验。

一、从师经历

我与魏老师的师生缘起于 1980 年我上大学二年级的时候，在方剂学课堂上听魏老师的课，因此报考研究生的时候，就立志要跟魏老师学习，在1986年的时候，通过了研究生入学书面考试并被魏老师面试通过后录取，有幸成了魏老师的弟子。

1986年9月，我开始攻读硕士研究生，第一年也是学习基础理论，第二年就开始跟随魏老师在门诊抄方，在这段时间魏老师也指导我如何确定研究生的课题方向。门诊之余，我到图书馆进行文献检索，看了许多国内外相关的论文报道。魏老师邀请学院药理学的沈梅贞老师与他搭档，共同指导我研究生的学习及科研，包括进行医学文献检索，确定课题方向，探讨研究的思路和实施的具体方法，最终我们确定的研究课题是“十全大补汤的升白作用的实验研究”。同时我也向我的师姐余冬严等人请教了许多做动物模型的方法和一些具体的操作规程。

在做课题的过程中，魏老师一直关心我的进度并帮我联系到各个专家召开开题答辩会。魏老师和沈梅贞老师细心地指导我的论文写作，并对论文一次次地修改，让我顺利完成自己的论文。在研究生毕业答辩时，魏老师帮我邀请到名老中医朱古亭、吴士元、原杭州市中医院院长王永钧、吴康健等医学专家，作为我研究生论文的答辩评审专家。最终使我得以顺利地完成论文答辩而毕业。

二、对老师学术思想的传承和发挥

1991年，我入方剂教研室担任方剂学的讲师，在这个过程当中我结合魏老师对我的指导，继续在方剂学方面进行探索。

（1）继承魏老师的临床经验，受魏老师“从肝治脾”的经验启发，探索了郁证与脾胃病的成因、致病机制、治疗和方剂运用等，撰写了《治郁方剂辨析》（光明中医，2000年第3期第7页）、《抑郁症的传统方剂治疗》（浙江临床医学，1999年12月第1卷第13页）、《从方剂配伍论仲景治疗情志病的特色》（中医函授通讯，2000年总第114期第2页）。

（2）遵循魏老师的教学思路，总结了前人运用方剂的规律，探索了方剂中君臣佐使之间的特殊比例，撰写了《浅谈方剂中药物的特殊剂量》（浙江中医学院学报，1992年第3期第44页）、《“欲降先升”论》（浙江中医学院学报，2001年第3期第3页）、《复方探析》（中国医药学报，1999年第4期第7页）、《探复方之妙 论制方之理》（浙江中医学院学报，1999

年第4期第9页)、《合方临床运用举隅》(中医研究,2001年第1期第63页)。

(3)受魏老师对方剂的教学灵活运用的启发,提出了对方剂学教学改革的看法,撰写了《利用多媒体改进方剂学教学的一点思路》《从方剂组成结构谈理解记忆方法》《浅探方剂学的形象化教学》。

(4)整理出魏老师一则验方,撰写了《伏龙肝治愈克隆氏病》。

(5)与人合作所撰的书籍如下:全国高等中医院校函授教材《教学配套用书》(甘肃人民出版社,1997年6月第一版),国家级继续教育项目《方剂治法与新进展》,高级丛书《方剂学参考书》。

(6)梳理了魏老师的学术经验,在临床上深受魏老师的影响,包括医患交谈技巧和处方风格。目前遵循老师的方法,在浙江中医药大学中医专家门诊部行医,得到患者的好评。

三、师生情谊

魏老师和我的关系,犹如茶水,始淡而渐浓,他的医术、品德、为人处世的风格,深深影响了我。

对魏老师的第一印象,是在1980年,魏老师主讲方剂学中的补益剂的课堂上。那时我读大学二年级,后来魏老师就不大教方剂课了,我能听到魏老师的几次课真是很荣幸。当时魏老师用方言来讲述补中益气汤、四君子汤等,讲课时老师结合他的临床经验,娓娓道来,从来不照本宣科,给我留下了深刻的印象。在1985年的时候,许多人都想报考魏老师的研究生,但只录取1人,竞争很激烈,在考试之前有人建议我到魏老师教研室请教一下,我硬着头皮找到魏老师,那个时候魏老师并不认识我,他淡淡地说:“你只准备充分就好了。”就没再说什么,我讪讪退出,于是埋头苦干,终于在考试成绩上达到了要求,并被魏老师面试通过后录取了。

我从此就常跟魏老师抄方,魏老师经常要看很多的病人,诊室里排队的人是一排排的,病人总不免要诉说很多,魏老师总沉稳大气,不慌不忙地询问和搭脉看舌苔,然后会转向我,报出一味味的中药。我当时看到这些方药也没有什么奇特峻险的,为啥都有疗效呢?我问魏老师,他一般就回答:“辨证施治啊。”这种不轻易给出答案的方法教会我带着问题去琢磨他的处方,加上平时也经常和他沟通交流,悟出不少心得。

此外,我们江浙这一带的传统中医,在开处方时也是非常讲究书法,在魏老师这里可谓是非常突出；后来我才知道，魏老师年轻时候就写得一手好字，有些魏老师写的扇面还被扇厂收去倒卖。现在看魏老师的每张处方，都书写得清雅俊逸，沉稳大方，如同书法作品，我常开玩笑地说："老师，您即便不做中医，做书法家也会很成功哦。"不仅他自己的字写得好，他对于字写得好的人也很欣赏。以前的浙江中医学院流传一句话："魏老师有两个弟子，一个开门、一个关门。"开门的弟子是我师姐余冬严，生于江南，秀外慧中，更写得一手漂亮的好字，每次她抄方完成，魏老师还要欣赏一会儿，再签自己的名，递给病人；他的关门弟子就是我本人，功底比较差，记得曾经一次我抄方时，用笨拙的字体来代替老师的签名，估计老师看了心里不悦，好一会老师含蓄地说："小王啊，你要去练练字。"于是我很羞愧地去弄了字帖、练了字，后来书法的确有所进步了，现在我门诊的时候还保留魏老师的字体和处方的排列风格，不习惯用高效率的电脑打字。时隔二三十年，我提起这件事情并作害羞样，魏老师也笑了。弟子心里还是记得老师的爱好，一次我拜访他，发现他在玻璃台板下放了一张从报纸上剪下的于右任的书法，老师说很喜欢于右任的字，看看心里都舒服。我听到后，让我先生去网上买了一本于右任的书法集送给了老师。

魏老师虽然兢兢业业研究中医，但他并不把自己限定在高等学府这个"象牙塔"里。我读研究生时，时值改革开放，魏老师就曾带领我跑到余杭"见世面"，当时在江浙特别是余杭这一带，流行性的甲肝、乙肝非常普遍，普通人深受其祸害，魏老师带我和当地有关的领导进行洽谈合作诊疗等，让我更深入地接触到社会。

魏老师不仅仅指导弟子的学业，也非常关心弟子的生活，凡是我生活有难处，老师总以他的菩萨心肠，给我巨大的安慰，我在老师家请教时，做得一手好菜的师母总挽留我吃饭，因此蹭饭并享受美味成了我美好的记忆，最近一次蹭饭就是 2018 年底老师和师母搬到半山镇以前去拜访二老时。

我读研究生之前就结婚了，研究生第二年非计划怀孕了，我怕影响论文的完成，向魏老师汇报和请假，准备流产。魏老师"哦"了一声。过了两天，魏老师来和我商量说，推算你的产期应该刚好是毕业的时候，孩子可以留下来的。我转悲为喜，于是继续边研究，边孕子。毕业时老师恭喜我"双喜临门"，并此后数十年里时不时记挂这孩子的成长。我们全家都非常感恩魏老师。

我的父亲于 20 世纪 80 年代时曾患双下肢皮肤慢性皮炎，用恩肤霜数年缠绵不愈，瘙痒难禁。我心想魏老师是治疗脾胃病的，皮肤病可治否？魏老

师听了我的诉说后，开了中药，竟效如桴鼓，数剂而愈，迄今未复发，家父甚是感谢。此方我一直保留，门诊运用每多获效。

魏老师耄耋之年仍旧对弟子关心不已，有时我长期出差，魏老师会用手机给我发短信，言“甚是记挂”，我顿时心里非常感动。我也常抽空去看望他，有一次发现他室内镜框挂着好几张婴儿的照片，不禁奇怪，魏老师说：“这些是治疗妇女不孕不育后，成功怀孕得到的孩子，她们用照片表示感谢。”我说：“老师，您不是专门看脾胃病的吗？”魏老师笑着回答说：“我看妇科也看得蛮好的。”我惊叹不已。

记得有一次在老师家探讨临床，老师鼓励我说：“小王，你还可以再去临床的。”这句话我铭记在心，成了我今天整理他老人家医学经验和继承他老人家学术思想的动力，回顾这么多年，对老师的学术思想也有了更深的理解。

老师曾送我一把扇子，我珍藏至今，他在扇面上书写着“清淡养生”，并释义为“乃心态和饮食之谓也”。这成了我的座右铭。今后的行医路上，我决心不为名，不为利，利用我的所学，发扬光大老师的学术，为病人解决问题就是我努力的方向。

第三节　李卫河专访

李卫河，男，主任中医师。1985年进入河南中医学院（现河南中医药大学）中医系学习。1990年毕业后就职于新乡医学院附属第一医院中西医结合科，从事病房及门诊的临床诊疗工作，在此期间，对常见病及多发病的中西医结合诊疗打下了较为坚实的临床基础。2003年通过人才招聘来到杭州市余杭区第一人民医院中医科工作。现于浙江中医药大学门诊部、方回春堂坐诊。

一、从师经历

在临床诊疗期间，我一直对脾胃病非常感兴趣。一方面，临床上接触的这一类患者比较多；另一方面，从中医的理论来说，脾胃是后天之本，气血生化之源，从临床的角度来讲，任何疾病的治疗，首先要考虑脾胃的问题，保护脾胃正气很重要。也是因为这个兴趣，才有了跟魏康伯老师学习的机缘。

2008年经中医心血管病专家叶秀珠竭力引荐，我与魏老师相识，在当时浙江中医学院大学路老校区那里，我诚恳地表达了想跟魏老师学习的意愿，魏老师欣然同意了，还为我制定了详细的研修实践计划。此后的一段时间，我就一直跟随魏老师在门诊抄方，细心体会魏老师临床用药的思路，平时遇到问题也经常到魏老师家里请教。

一方面，我会常常把自己开的一些处方拿给老师，请老师点评指导，老师会把处方中不太恰当的药味去掉，并给我讲解其中的道理，比如，以前我治疗恶心呕吐时代赭石的用量比较大，老师会提醒道，代赭石这味药苦寒易伤人胃气，用药时需时刻注意和胃、健胃，勿伤后天之本，用药和缓为上，除非万不得已，尽量少用或不用毒性大的药物。中医临床是慢工夫，需要经验的积累与沉淀，更需要不断学习与体悟，当时我自身的临床经验还是有一些局限性的，在诊断思路与一些药物的细节用量上，魏老师给了我很多指导，大有“真传一句话，假传万卷经”之感。

另一方面，跟魏老师学习的过程中，魏老师指导我深入了解中药膏方治疗疾病的机理，讲述膏方的制作方法，这也是我全面提升最明显的时候。不得不说，老一辈中医的功夫非常全面。像魏老师他们不仅熟知中医经典理论，而且对中药也十分熟悉，无论是性味归经还是药物的炮制无一不精，亲炙后令我这个后辈十分叹服。

在不断跟师学习过程中，我结合临床实践及魏老师的悉心指导，陆续在《上海中医药杂志》及《浙江中西医结合杂志》等杂志上发表了数篇学术论文。

二、心目中的老师

老师医德高尚，无论是理论研究还是临床，老师治学都非常严谨，常常针药并用，手到病除。在我跟师抄方的时候，老师会根据患者的情况，问我一些方药的问题。且要求当下回答，我当时也是基本能够答出来个大概来，但是有些细节老师还是会着重给我提一提，比如用药思路和用药剂量等。在跟老师的学习与交流过程中，我能深刻感受到老师临床用药十分精准和独到，老师也会时不时地讲一些他认为比较有特点的病案，供我学习思考。他常教导我，临床用药以王道为主以固护人体正气，少用大辛大寒大毒之药。借用孟河医派费伯雄先生的一句话：世上无神奇之法，只有平淡之法，平淡至极即为神奇。也暗合了《素问・五常政大论》中所言：“大毒治病，十去其六；常毒治病，十去其七；小毒治病，十去其八；无毒治病，十去其九。谷肉果菜，食养尽之。无使过之，伤其正也。不尽，行复如法。”

老师不仅中医药知识渊博，而且传统文化的底蕴也相当深厚，尤其是书法。在魏老师的家里，专门有一个书法工作室，当时我的从师记录，老师就是用毛笔给我写的，原稿至今在我家里珍藏着。这对我的影响也非常深刻，作为中医，不仅要精通中医药专业知识，而且要用与此相关的传统文化知识作为补充。

老师为人淡泊名利。其实以老师的水平，完全可以得到更多，但他无为不争，甘做人梯，从不钻营，这一点非常难得也是我非常钦佩和骄傲的。只要我有时间，我还是会常去看望老师。

三、对老师学术思想的传承和发挥

膏方又称膏剂，系中医传统制剂丸、散、膏、丹、酒、露、汤、锭八种剂型之一。有关膏方的应用，宋以前的中医著作，如《五十二病方》《黄帝内经》《金匮要略》《肘后备急方》《外台秘要》《洪氏集验方》《圣济总录》等典籍中多有记载，至明清更趋成熟，有关记载可见于《先醒斋医学广笔记》《证治准绳》《景岳全书》《临证指南医案》《清太医院配方》等著作中。

清代吴尚先的《理瀹骈文》指出："膏方取法，不外于汤丸，凡汤丸之有效者皆可熬膏。"晚清名医张聿青撰有《膏方》一卷，较全面地反映了当时医家运用膏方的经验。

跟随魏老师学习的过程中，在老师的指导下，我系统学习了中药膏方治疗疾病的机理，还深入学习了膏方的制作方法。此外，我也学习了其他专家关于膏方的相关经验，其中尤以颜德馨教授为最，下面结合自己学习的体会，小结如下。

1. 膏方组织

（1）开路方的应用。膏方应用前一般要先使用开路方，在服用膏方前两周，先辨证予健脾化湿为主的方剂。其作用有三：其一，江南人多因湿热致病，湿热最易犯脾而清阳失运，通过健脾化湿以利于膏方的吸收；其二，膏方多为补虚滋阴之品，且从冬至到立春约一个半月的服用时间，通过开路方使脾胃功能正常运化，可发挥膏方最佳的调补效果；其三，可以试探治疗方法及用药，也能了解患者的体质和对药物的敏感性。

（2）基本思路。膏方毕竟是由中药处方演变而来，其基本思路就是突出中医的诊疗思维，即辨证论治、整体观、平衡观。其次是辨证与辨病相结合，补中寓治，治中寓补，处理好体质与疾病的关系，量体裁方。如妇科疾病顾肝，儿童顾脾胃，老人顾气血，胖人顾痰湿，瘦人顾阴液等。

（3）药物选择。膏方药味一般约30味左右，药物用量是常用汤剂单贴剂量的10～15倍；收膏类药物的剂量为300g左右，不宜太多，糖类为300g左右。另外，宜多选膏脂析出量大的药物，以利于膏方的形成。容易出膏的药物包括植物根类，如熟地黄、山萸肉等，富含汁液的如黄精、玉竹等，另外还包括动物胶类等血肉有情之品，而植物花草类及矿物质等不易出膏的药物则少用。基础药方多选二陈汤、四君子汤、平胃散、四物汤、六味地黄丸等加减，并应注意药物之间的配伍，如熟地黄宜配砂仁，桂枝宜配白芍药，黄芪宜配陈皮等；尤其要注意应用健脾胃药物以利于吸收，应用活血化瘀药物以增效。

2. 辨治原则

国医大师颜德馨教授提出“衡法”的治疗方法，以“气为百病之长，血为百病之胎”为纲辨证，或从气治，或从血治，以调气血而安脏腑为治疗原则。我根据颜老这一学术思想，结合魏老师从脾胃后天之本入手的观点，指导膏方临床的运用，取得了较好的疗效。

（1）调畅气血。无论是老年病还是衰老的病机，均为由气血不和导致的气滞血瘀或气虚血瘀。气血充沛和流畅是人体健康长寿的必要条件，因气属阳而血属阴，所以在膏方中需遵循《黄帝内经》“谨察阴阳所在而调之，以平为期”的原则，通过疏通脏腑气血，使气机升降正常，从而祛除各种致病因素。其中，结合老师临床经验，以黄芪、党参、赤芍、降香、丹参、葛根等药物为主加减的膏方，在调治心脑血管疾病及抗衰老方面颇具特色。

（2）调整阴阳，平衡寒热。中医体质学说将人的体质简分为“阳体”与“阴体”，一般“阳体”多热，“阴体”多寒。《黄帝内经》有云：“阴平阳秘，精神乃治；阴阳离决，精气乃绝。”通过调整阴阳使人体寒热平衡，从而达到调理体质的目的。疾病即是在各种致病因素作用下，因寒邪伤阳或阴损及阳，导致以阳气为主导地位的阴阳关系遭到破坏后而引起的脏腑功能失调。基于以上认识，在用膏方调整阴阳、平衡寒热时，多从温补阳气着手，对于阳虚阴盛或久病致虚的患者，常辨证加入附子、桂枝、野山参、鹿角胶等药物，以奏温阳益气、散寒化瘀之效。

（3）补泻兼顾，动静平衡。临床常见的如高血压病、高脂血症、冠心病、脑卒中后遗症、老年性痴呆、前列腺增生等慢性病，其病因和症状虽然不一，

但病理机制却无不与瘀血有关。这些患者在临床上多表现为面色黧黑不华、唇暗舌紫、舌下脉络明显、肌肤甲错等，这些症状多为瘀血所致。

随着年龄的增长，人体受内外各种因素的影响，或气虚血涩成瘀，或情志异常气滞致瘀，或阳气衰弱寒凝血瘀，或阴虚火旺炼血成瘀，从而导致疾病虚实错杂，缠绵难愈。而且临床实际中也很难见到单纯的实证与虚证，遵“实则泻之，虚则补之”的治疗原则，必须补中寓泻，泻中寓补；补中寓治，治中寓补，使补、泻、治三者平衡才能得到好的效果。

对于膏方而言，其多含补益药及动物胶类药，药性黏腻难以消化，若纯峻补，不符合“动静结合，通补相兼”的组方原则，每每会妨气碍血，留邪内闭，造成腹胀便溏等不良反应，影响膏方的吸收，故配方用药必须动静结合。补品为“静药”，必须配以具辛香、理气、活血走窜之性的“动药”，动静结合，才能补而不滞。

对老年人常见的心脑血管病，在开具膏方时，要根据患者的具体情况辨证选用“动药”，如附子、石菖蒲、葛根、川芎、生蒲黄、红花、丹参、水蛭、大黄、决明子，使温寒解凝、芳香开窍、活血化瘀、解痉通络、通腑排毒、降低血脂各具其功，与补药相配，相使相成而起到固本清源之效。

附录一

大事概览

1927 年 3 月，出生于杭州石桥乡（今杭州市下城区）。

1944 年 3 月，拜入余杭县行宫塘镇名医李以锄门下学习中医。

1946 ～ 1948 年，跟随余杭当地名医陈柱立老师继续进行临床学习。

1948 年 5 月，在李以锄老师门下学满出师，开始在笕桥颐和堂挂牌行医。

1950 年 12 月至 1951 年 3 月，在杭州市卫生局组织的杭州市中医进修班进修学习。

1951 年“双抢”季，开始在笕桥联合诊所出诊，以便在“双抢”的时候，开展巡回医疗。

1953 年 10 月至 1954 年 1 月，受聘于杭州笕桥第一中心小学，任业余学校语文课教师。

1955 年 2 月，受聘于杭州市中医学会，任组织组干事。

1956 年 2 月，参加了浙江省中医进修学校师资班第二期的学习。

1957 年 1 月，从浙江省中医进修学校师资班顺利毕业，因表现突出、成绩优异留校任教，2 月份正式入职。

1960 年 4 月，浙江中医学院并入浙江医科大学后，负责中医方面的教学及临床会诊等工作。

1962 年 1 月，与沈耕渊女士结为夫妇。

1971 年 3 月，荣获 1970 年度浙江医科大学教师连“五好职工”荣誉称号。

1974 年下半年起，浙江中医学院划出浙江医科大学单独重建，进入中药方剂教研室工作。

1978 年起，担任中药方剂教研室副主任。

1982 年起，担任中药方剂教研室主任。

1984 ～ 1988 年，担任方剂学教研室主任。

1990 年，晋升为浙江中医学院教授并正式退休。

1991 ～ 1993 年，受邀赴美国行医。

1994 年，荣获浙江省卫生厅科技进步奖二等奖。

2004 年，被《今日早报》评选为 2003 ～ 2004 年最受关注的十位名中医。

附录二

学术传承脉络

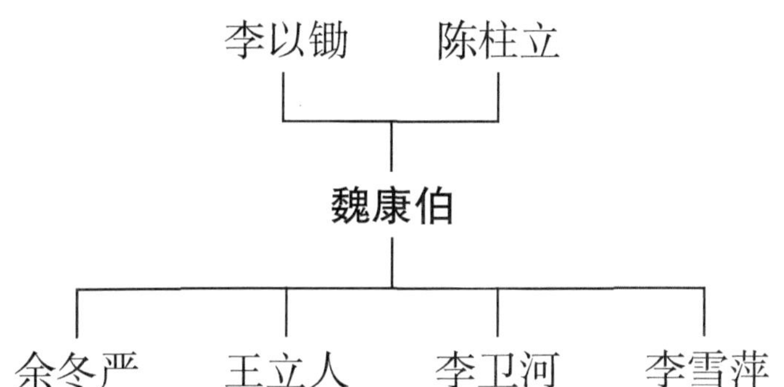

青年时的魏康伯

魏康伯近照

魏康伯在书房

魏康伯与夫人沈耕渊女士

魏康伯书法作品“清淡养生”

魏康伯书法作品“为医之道”

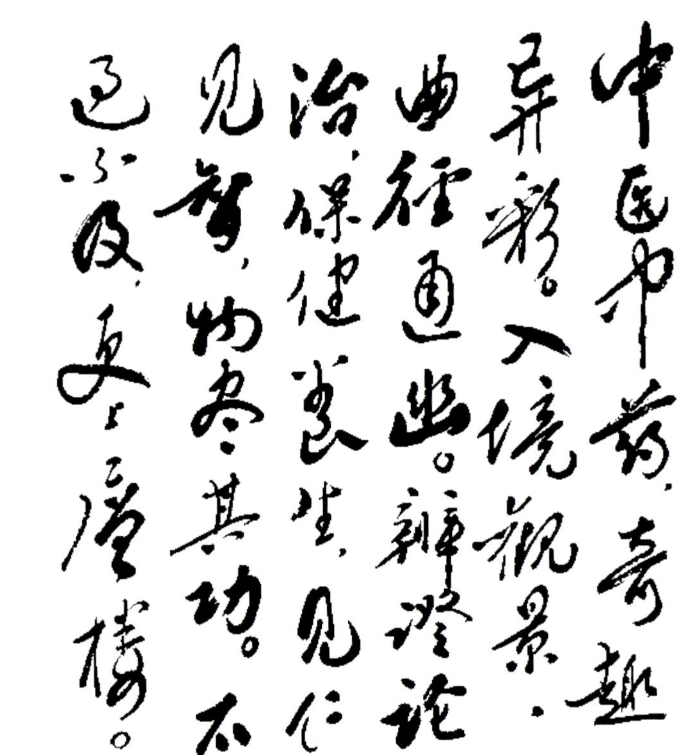

魏康伯题词